AKADEMIE DER WISSENSCHAFTEN UND DER LITERATUR

Abhandlungen der
Geistes- und sozialwissenschaftlichen Klasse
Jahrgang 2006 • Nr. 8

Klaus-Michael Kodalle

Annäherungen an eine Theorie des Verzeihens

AKADEMIE DER WISSENSCHAFTEN UND DER LITERATUR • MAINZ
FRANZ STEINER VERLAG • STUTTGART

Vorgetragen in der Plenarsitzung am 20. April 2002,
zum Druck genehmigt am selben Tage, ausgegeben am 30. Oktober 2006.

Bibliografische Information Der Deutschen Nationalbibliothek

Die Deutsche Nationalbibliothek verzeichnet diese Publikation in der Deutschen Nationalbibliografie; detaillierte bibliografische Daten sind im Internet über <http://dnb.d-nb.de> abrufbar.

ISBN-10: 3-515-08973-X
ISBN-13: 978-3-515-08973-9

Umschlaggestaltung: die gestalten. Joachim Holz, Mainz
Druck: Rheinhessische Druckwerkstätte, Alzey
Gedruckt auf säurefreiem, chlorfrei gebleichtem Papier

Printed in Germany

Zur Einstimmung: Auszüge aus einem fiktiven Dialog zwischen Nicolás Gómez Davila und Vittorio Hösle[1]

Eine gewisse geistige Höflichkeit lässt uns das doppelsinnige Wort vorziehen. Das eindeutige Wort unterwirft das Universum seiner willkürlichen Starrheit. – Höflichkeit besteht im Respekt vor der Autonomie des Anderen; Direktheit verletzt diese Autonomie. Daher entspringen alle Formen indirekter Mitteilung, also auch der Kunst, dem Willen zur Höflichkeit, und dieser ist der Gegensatz zum Willen zur Macht. Oder zumindest zum Wunsch zur kurzfristigen Macht, denn die langfristige Macht der eigenen Ideen, auch und gerade lange nach dem Erlöschen des Selbst, das sie entdeckt, wird durch Indirektheit und Höflichkeit gefördert. Aber der Wille zur Macht der Ideen ist eine platonische, nicht eine Nietzscheanische Kraft, und in etwas anderem gegründet als dem Lebenswillen des Organischen. (154)

Wir leben, weil wir uns nicht mit den Augen betrachten, mit denen uns die anderen betrachten. – Also ist, da man eine Pflicht hat zu leben und zu handeln, sogar Selbsttäuschung statthaft, freilich nur soweit sie zum Leben und zum Handeln erforderlich ist. (156)

Das Wort wurde dem Menschen gegeben nicht um zu täuschen, sondern um sich selbst zu täuschen. – Betrug ohne Selbstbetrug ist schwierig, Selbstbetrug ohne Betrug anderer unmöglich. Zumindest als Mittel bleibt also jene erste Funktion der Sprache auch dann erhalten, wenn man den Selbstbetrug für die erste Bedingung von Selbst-Identität hält. (156)

---

1 Die Seitenangaben in Klammern beziehen sich auf: Vittorio Hösle, Variationen, Korollarien und Gegenaphorismen zum ersten Band der „Escolios a un texto implicito“ von Nicolás Gómez Dávila, in: *Die Ausnahme denken. Festschrift zum 60. Geburtstag von Klaus-Michael Kodalle in zwei Bänden*, hrsg. v. Claus Dierksmeier, Würzburg 2003, Bd. 2, S. 149–163. Die Aphorismen Dávilas, auf die Hösle reagiert, sind hier kursiv gesetzt. Zu Dávila findet sich im gleichen Band die lesenswerte Abhandlung von Reinhart Maurer, Ausnahmslose Gleichheit. Überlegungen im Anschluß an Gómez Dávila, S. 165–176.

„Menschlich" ist das Adjektiv, das dazu dient, jede Gemeinheit zu entschuldigen. – Appelliert man besonders eindringlich an unsere Menschlichkeit, dürfen wir uns auf etwas besonders Tierisches gefaßt machen. (157)

Die Heiterkeit ist die Frucht der akzeptierten Unsicherheit. – Und jene Heiterkeit wird halkyonisch, wenn der Mensch mit Sicherheit erkennt, daß die Unsicherheit der conditio humana Bedingung der Möglichkeit der Realisierung des Sittengesetzes ist. (160)

1.

Das Thema dieser Abhandlung könnte Autor und Leser in hochkomplexe *theologische* Gedankengänge führen. Den verschlungenen, zum Teil allerdings auch sehr ausgetretenen theologischen Pfaden nachzugehen, wäre gewiß reizvoll. Indessen liegt den folgenden Darlegungen die Absicht zugrunde, das Thema als humane zwischenmenschliche Problemanzeige zu behandeln, so daß sich *jede*(*r*) Nach-Denkende, auch ohne Inanspruchnahme einer individuellen oder über eine tradierte Offenbarung vermittelten Glaubenserschließung, auf diese Gedankengänge und Problemfeldbeschreibungen einlassen kann. Freilich wird der Leser immer wieder an jene Grenze des immanenten Diskurses stoßen, an der es heißen könnte „hic rhodos, hic salta"; doch dieser Sprung wird nicht jeweils eigens thematisiert werden. Höchstens: das Absprungfeld wird besichtigt und untersucht.

Ich ahme mit diesem Vorgehen eine beispielhafte Verfahrensweise Kierkegaards nach: der hatte in seiner Publikationstätigkeit Schriften aus der Sicht des überzeugten Christen von solchen unterschieden, in denen der – seinerzeit allerdings pseudonyme – Verfasser sich hinsichtlich der gleichen Themen auf die Reichweite einer philosophischen Untersuchungsperspektive beschränkte.[2]

---

2 In zahlreichen Werken finden sich Versuche, *Verzeihung* und *Vergebung* semantisch zu unterscheiden, etwa indem man das Wort „Verzeihung" für die zwischenmenschlichen Beziehungen verwendet, das Wort „Vergebung" hingegen dem Gottesverhältnis vorbehält. Gemessen am alltäglichen wie am literarischen allgemeinen Sprachgebrauch haben sich diese Versuche nicht durchsetzen können: Beide Wörter werden in der Regel mit identischem Sinn verwendet. In der *Theologie* allerdings wird generell das Wort „Vergebung" bevorzugt.

2.

Der Begriff der Verzeihung bleibt in der Philosophie eigentümlich unthematisiert. Man scheint sich damit abgefunden zu haben, daß hier die Theologie zuständig sei. Doch diese Abschiebetendenz ist unhaltbar. Insofern der Mensch ein fehlbares, irrtumsanfälliges Wesen ist, muß er auch zugestehen, daß er immer wieder auf Verzeihung angewiesen ist. Die Chance zu einem wirklichen Neubeginn im ‚an sich' verschuldeten Dasein bliebe sonst undenkbar. Jeder Mensch wird einräumen können, daß er an ganz entscheidenden Schnittstellen seiner Biographie Verzeihung empfangen oder gewährt hat.

Gegen den Trend, über den Geist der Verzeihung zu schweigen, käme es darauf an zu zeigen, daß zum Beispiel Moralität ohne den in der Verzeihung eröffneten Weg, zur Integrität zurückzufinden, überhaupt nicht möglich ist. Vor allem in Krisen- und Wendezeiten wird erkennbar, daß auch im öffentlichen Leben, in Politik und Recht, die Frage aufbricht, ob nicht allein gewisse Spurenelemente eines Geistes der Verzeihung die gefährliche Synthese von überheblicher Unnachsichtigkeit und erschlichener (darum mißlingender) Selbstentschuldung auflösen könnten.

3.

Es wird sich herausstellen, daß – nicht auf der Meta-Ebene der philosophischen Reflexion, wohl aber in der Perspektive der unmittelbar Betroffenen – die Versprachlichung dieses Geistes der Verzeihung extrem schwierig ist. Welches schier unerträgliche Gefälle entsteht dort, wo einer dem anderen in großmütiger Geste Verzeihung gewährt: Den ‚Empfänger' dieser Gabe könnte diese Demütigung geradezu erneut in Trotz und Verhärtung treiben. Da scheint es von erheblicher Tragweite zu sein, wenn einer nicht mehr sagt „ich verzeihe dir", sondern sich so *verhält*, daß dem anderen allmählich zur Gewißheit wird, daß ihm verziehen *ist*.

4.

Adolf Reinach hat einmal diese Thematik aufgegriffen und das Verzeihen „einen tiefliegenden und merkwürdigen Akt eigener Art" genannt. Die phänomenologische „Wesenserschauung" müsse durchaus auch „das Wesen des seiner Natur nach Einzigen und Einmaligen" aufklären und analysieren.[3] Dazu möchte ich mit diesem Traktat einen Beitrag leisten. Daß dabei vielleicht mehr Fragen neu aufbrechen werden als beantwortet werden können, muß nicht irritieren. Es ist ja durchaus nichts Ungewöhnliches in der Geschichte des philosophischen Denkens, gewichtige Probleme zu diskutieren, selbst wenn eine Aussicht auf handliche Lösungen und Ergebnisse nicht besteht. Auch die genaue Erfassung und Durchleuchtung von Aporien (oder dessen, was wir heute dafür halten) macht in einer philosophischen Bemühung Sinn, der es darauf ankommt, vorrangig die Frag-Würdigkeit einer Gegebenheit oder Auffassung zu bedenken.

5.

Was *besagt* eigentlich „Verzeihung" im Unterschied etwa zu „Aussöhnung" oder zu „Nachsichtigkeit"? Wer ist das Subjekt, das Verzeihung gewähren kann? In welchen lebensweltlichen Kontexten wird „Verzeihung" akut? Ist das ein Begriff, dessen Bedeutung auf die private Ich-Du-Sphäre zu beschränken ist? Oder erstreckt sich die Reichweite seiner Bedeutung gerade auf das ganze Gebiet der Institutionen und der Geschichte? – Welche Disziplin der Wissenschaften ist eigentlich zuständig? Die *Theologie*, deren Gottesreflexionen um den zentralen Begriff der *Gnade* kreisen? Die *Psychoanalyse*, die nicht umhin kommt, in ihren Theorien über Schuld und Schuldbearbeitung auch die Aussicht auf Prozesse der Versöhnung/Aussöhnung zu eröffnen? Die *Jurisprudenz*, die, trotz aller kalkulatorischen Verrechtlichung, ein „Recht der Gnade" kennt, dessen spektakulärster Ausdruck das Institut der *Amnestie* ist? Die *Wissenschaft von der Politik*, die in jene Prozesse juristischer Entscheidungsbildung und Verantwortung gestaltend oder betroffen einbezogen ist?

Und wie steht es mit der *Philosophie*? In der praktischen Philosophie der letzten Dekaden ist, bedingt durch die rasanten technologischen Fortschrittsschübe, das „Prinzip Verantwortung" in den Vordergrund gerückt worden. Von „Verzeihung" indessen war lange Zeit nicht die Rede. Dabei hätte es nahegelegen, diese Kategorie zu bedenken angesichts der ungeheuren *unabsehbaren* Folgelasten und Spätfolgen, die wir handelnd hervorrufen. Müßte nicht der „Heuristik der Furcht" (Hans Jonas) eine Reflexion auf das *Postulat der Verzeihung* zugeordnet werden? Daß die Philosophie sich über

3 Vgl. Adolf Reinach, *Was ist Phänomenologie?*, München 1951, S. 30f. – Dieser Vortrag aus dem Jahre 1914 erschien zuerst in den *Gesammelten Schriften*, Halle 1921.

weite Strecken dazu ausschweigt, könnte mit einem unterschwelligen Unbehagen zusammenhängen: Bekanntlich dringt Philosophie auf Definitionen und klar umrissene Begriffe. Womöglich ahnt sie, daß „Verzeihung" sich solchen Festlegungen entzieht und Philosophie sich auf Grenzgänge einlassen müßte, die rasch auf Holzwege oder in Sackgassen führen könnten. Dem Purismus der Philosophie, soweit sie streng-analytisch vorzugehen trachtet, ist das abträglich.

An Wittgenstein geschulte Interpreten wie G. E. M. Anscombe neigen der Auffassung zu, daß wesentliche Begriffe moderner Ethiken auf religiöse Ursprünge und theologische Konstruktionen zurückzuführen sind, und daß der Anspruch, eine autonome Moral zu entwickeln, die sich von den religiösen Ursprüngen gänzlich befreit, ziemlich illusionär ist. Das heißt natürlich nicht, daß die religiöse Dimension, die in den Leitbegriffen einer Ethik enthalten ist, denen stets bewußt sein müßte, die mit diesen Begriffen umgehen.[4] Es ist nicht verwunderlich, daß man solchen Denkern wie Anscombe entgegenzuhalten pflegt, sie verwechselten den Kontext einer Entdeckung bestimmter Regeln mit dem Kontext der Rechtfertigung des Gebrauchs dieser Regeln und Begriffe. Diesen Kritikern ist insofern beizupflichten, als sie mit dieser Unterscheidung einen wichtigen Punkt treffen; zugleich aber weichen sie der Frage aus, wie weit die lebensweltliche und teilweise vorreflexive *Schubkraft* in bestimmten Vorstellungen und normativen Konstellationen sich einer Motivlage verdankt, die man in säkularistischer Versprachlichungseuphorie nur überspielt.

6.

Die in der Philosophie vertraute Vorgehensweise, ein Phänomen *indirekt* zu bedenken, indem man sich und anderen die einschlägigen Ausführungen sogenannter Klassiker interpretatorisch vermittelt, bleibt hier am Rande. Keine Frage: bei Denkern wie Derrida, Levinas, Ricoeur oder Hannah Arendt ist für unser Thema Beachtliches in Erfahrung zu bringen; und von der Lektüre der Texte Hegels und Kierkegaards dürfen wir uns für unser Thema höchst Aufschlußreiches versprechen. Dazu liegen Studien vor, auf die hier nur verwiesen sei.[5]

4 G.E.M. Anscombe, Modern moral philosophy, in: *Philosophy* 33, No. 124 (1958), S. 1–19.

5 Vgl. die im Anhang aufgeführten Studien.

Auf den Begriff *Annäherungen* im Titel der Abhandlung lege ich aus methodischen Gründen wert. In immer neuen Anläufen soll eine geistige Orientierung regelrecht *eingekreist* werden, die in unterschiedlichen Dimensionen der Lebenswelt zur Erscheinung kommt. Vorrangig und jedem Leser vertraut geschieht das im *Akt* einer einzelnen Person und der Strukturierung eines intimen Verhältnisses zwischen zwei Personen, deren Beziehung durch Schuld belastet beziehungsweise einer Zerreißprobe unterworfen wurde. Dabei pflegen wir davon auszugehen, daß sich ‚normalerweise' das unnachsichtige Bestehen auf der Schuld des anderen oder die Bereitschaft, Verzeihung zu gewähren, auf Beziehungen zwischen in bestimmter Hinsicht gleichrangigen mündigen Personen bezieht, deren Verhältnis nur *okkasionell*, durch den Einbruch des schuldbehafteten Ereignisses oder Verhaltens, in eine Schieflage, tendenziell: in eine abgründige Asymmetrie, geraten ist. Es legt sich indessen nahe, Verhältnisse einzubeziehen, in denen eine Art (vorübergehende) *natürliche* Asymmetrie vorherrscht: wie im Verhältnis zwischen dem heranwachsenden Kind und der elterlichen Autorität. Dabei wird sich dann herausstellen, daß weniger die *Akte* des Verzeihens als vielmehr eine *Grundhaltung* der Verzeihung für die Bewältigung der auftretenden Probleme maßgeblich ist.

Des weiteren lassen sich Abschattungen von Verzeihung in *institutionalisierten* Prozessen des Rechts und der Politik freilegen (Amnestie, Täter-Opfer-Ausgleich, generell: Begnadigung im Rechtssystem); sogenannte Wendezeiten nach Systemwechseln liefern hierzu in der Regel besonders spektakuläres Anschauungsmaterial. Die Grenzen zwischen privater Haltung und öffentlicher politischer Wirksamkeit pflegen sich in solchen Krisensituationen zu verwischen. Die Entscheidung von Präsident Mandela, in der Situation der Wende auf Versöhnung zwischen den Rassen zu setzen, läßt sich auf eine ‚private' Erfahrung im Gefangenenlager von Robben Island zurückführen, wo zwischen ihm und einem weißen Bewacher, der ihn eigentlich – psychologisch angeleitet – zersetzen sollte, eine offensichtlich nachhaltige Freundschaft wuchs. Will man die Verschränkung von individueller, persönlicher Haltung und Entscheidung einerseits und öffentlich-politischer Gesamtkonstellation andererseits auch im deutschen Wahrnehmungsbereich aufzeigen, mag man sich jenes Pastors Holmer erinnern, der, mit seiner Familie im kommunistischen Regime ständig bedrängt und benachteiligt, nach dem Zusammenbruch der DDR in seinem Haus dem Ehepaar Honecker Unterkunft bot und es zu gemeinsamem Essen einlud, als die befreiten Massen der DDR die ehemals Mächtigen jagten und kein Pardon kannten.

Eine weitere Dimension ist damit schon zur Sprache gelangt: die medial vermittelte Öffentlichkeit, in deren Verlautbarungen sich ebenfalls auf ganz eigentümliche Weise Nachsichtigkeit und unerbittliche Anklage verschränken.

Dem Leser wird darüber hinaus angesonnen, den Begriff der Verzeihung auf Verhältnisse und Bereiche zu beziehen, in denen *moralische Schuld* im engeren Sinne nicht zu konstatieren ist: Bereiche, in denen wir nach bestem Wissen und Gewissen handeln *müssen*, obwohl wir uns dessen bewußt sind, daß unser beschränktes Wissen nicht ausreicht, die Folgen abzusehen und entsprechend zu bewältigen. In diesem Zusammenhang wird der Leser am Ende mit Annäherungen konfrontiert, die sich auf die Struktur der Vorläufigkeit von Vernunftansprüchen beziehen. Auch ‚die' Vernunft selbst ist verzeihungsbedürftig.

Der den Text durchziehende Begriff „*Geist* der Verzeihung" gibt zu verstehen, was ich gelegentlich als ‚schwache' Ausdrucksgestalt von Metaphysik charakterisiert habe: die Überzeugung nämlich, daß dem kommunikativen Leben eine es ‚tragende' Geisteskraft eingewoben ist, die sich zwar *in* Akten einzelner und auch in kollektiven, kulturell vermittelten Einstellungen *manifestiert*, die aber nicht *durch* sie konstituiert ist, sondern in ihrer unkalkulierbaren Tragweite jenen Manifestationen zugrundeliegt, ihnen geschichtliche Schubkraft verleiht und sie letztlich (im Sinne Wittgensteins:) *unsagbar* übertrifft.

Die Verwendung des Begriffes „Geist" mag manchem Leser verwunderlich erscheinen. Geht man doch gewöhnlich davon aus, daß mit dem Bruch, der durch den Tod Hegels angezeigt ist, auch dessen Semantik des Absoluten „irgendwie" erledigt sei. Radikale Denker wie Ludwig Feuerbach und Max Stirner hatten schließlich „Geist" umstandslos mit „Gespenst" gleichgesetzt.[6] Und seit dem ist der Begriff, insbesondere bei ideologiekritisch eingestellten Intellektuellen, in Verruf geraten. Wer läßt sich schon gern vorwerfen, er reproduziere weiterhin eine Gespenstermetaphysik.

Ich mache diese Erledigung des Begriffes Geist nicht mit. Eine streng das Profil dieses Sprachgebrauchs umreißende Definition wird nicht geliefert. Denn die Bedeutung, die wir im konkreten Kontext mit der Ver-

6 Vgl. Werner Stegmaier, Geist. Hegel, Nietzsche und die Gegenwart, in: Nietzsche-Studien Band 26/1997, S. 300–318.

wendung dieses Begriffs verbinden, erschöpft dessen Bedeutungsraum nicht. Da ist stets mehr an Verweisungen angesprochen, als ausgesprochen werden kann. Dies gilt übrigen schon für Hegel selbst: der alles erkenntnismäßig Artikulierte tragende und zusammenhaltende Begriff „Geist" ist nicht eindeutig fixierbar. Und einer quasi-solipsistischen Interpretation steht er schon gar nicht zu Verfügung: Geist charakterisiert auch bei Hegel eine bestimmte Weise der Beziehung, anders gesagt: das Zwischen, welches dem Verhältnis von Personen Gestalt gibt und welches einen Sinnraum repräsentiert, der weit über die jeweiligen Handlungsintentionen der Subjekte hinausreicht (der sich zum Beispiel als ein bestimmtes soziales „Klima" manifestiert und konkretisiert).

Mit dieser Unbestimmtheit umzugehen, ist dem Leser in seinem Verstehensprozeß zugemutet. Andererseits ist die Zumutung schwächer, als es womöglich analytische Philosophen einreden möchten. Im Alltagssprachgebrauch sind wir sehr wohl daran gewöhnt, diesen Begriff bedenkenlos zu verwenden. Wir reden vom Geist, der in einer Gruppe vorherrscht; vom Geist oder Ungeist der Zeit; Max Weber zögerte nicht, vom Geist des Kapitalismus zu reden; selbstverständlich reden wir auch von der Geistlosigkeit einer Epoche oder eines Events; davon, daß zwei Personen, wenn schon nicht in räumlicher Nähe, so doch im Geist miteinander verbunden seien; ja, wir halten es immer noch für möglich, daß von der (übrigens unerklärlichen!) geistigen Ausstrahlungskraft eines Menschen Wirkungen auf andere ausgehen, die sich von diesem Geist eines anderen zu Gefolgschaft oder Widerspruch bewegen lassen, jedenfalls aber nicht unberührt bleiben. Kurzum: dies alles sind Hinweise, daß es sinnvoll sein kann, sich auch in der philosophisch verantworteten Rede gegen jeweilige Moden und „turns" sperrig zu erweisen und darauf zu vertrauen, daß ein vorsichtiger, von Skepsis durchdrungener Gebrauch eines in der Tradition als „tragfähig" geltenden Begriffs auch in der Gegenwart Resonanz finden kann.

Weil Geist nicht direkt identifizierbar ist, sich – anders gesagt – der Eindeutigkeitsfixierungen stets entzieht, insofern er einen Raum des bedeutsamen Ungesagten und in endlicher Rede auch nicht Sagbaren andeutet, spielen indirekte Verweise hier eine wichtige Rolle. Ein bestimmtes konkretes Verhalten bzw. eine Haltung, die sehr wohl in ihrem Sinngehalt kritisch beschreibbar ist, repräsentiert zugleich eine überindividuelle und in den subjektiven Intentionen nicht aufgehende Sinneinheit, der – nun in umgekehrter Betrachtung – anstiftende, inspirierende Geisteskraft zugesprochen werden kann. Es ist dieses Angewiesensein auf Zeichen, die auf dieses „Mehr" deuten, welches den Philosophen Werner Stegmaier bewogen hat, den Begriff des Geistes gleich durch den der zeichen-vermittelten Orientierung zu substituieren. „Orientierung ist danach das, was die Vernunft übersteigt und doch ganz alltäglich gelingt [...] Orientierung ist immer ein Ganzes, ohne daß sich dieses Ganze bestimmen ließe oder auch nur bestimmt werden müßte. Orientierung hat nirgendwo einen festen Halt, sie kennt nichts Festes. Aber sie braucht auch keinen festen Halt, im Gegenteil. Sie arbeitetet nur mit Anhaltspunkten, die zu weiteren Anhaltspunkten führen. Sie macht alles zu Zeichen, die auf andere Zeichen verweisen. [...] Vielleicht heißt darum den ‚Geist' in der Gegenwart zu begreifen ja einfach, die Orientierung als Orientierung zu begreifen."[7]

Angesichts so unterschiedlicher Objektbezüge der Reflexion sind auch unterschiedliche Erwartungen an den Verbindlichkeitsstatus beziehungsweise den Status der *Allgemeingültigkeit* der jeweiligen Ausführungen zu richten. Der von Theodor W. Adorno geprägte Begriff der *Konstellation* kommt mir hier zupaß. Nicht selten werden im folgenden Beobachtungen *phänomenologisch*, unter Zuhilfenahme sehr unterschiedlicher disziplinärer Betrachtungsperspektiven, erschlossen und mit Behauptungen/Folgerungen interpretatorisch vermittelt, denen nur eine begrenzte Reichweite hinsichtlich ihrer Allgemeingültigkeit nachgesagt werden kann. Das heißt: ihnen eignet Plausibilität, aber keine Deutungsexklusivität! Nicht selten läßt sich leicht eine alternative Verstehensmöglichkeit konstruieren oder anführen. Das hat seinen Anhalt freilich in einer ‚daseinsanalytisch' einzukreisenden kommunikativen Dimension – die mit dem Begriff der *Verzeihung* angezeigt ist –, welche sich einer auf Eindeutigkeit und Berechenbarkeit (auch: berechenbare Verläßlichkeit) zielenden Richtig-Falsch-Reflexion entzieht. Der dänische Philosoph und Theologe Knut E. Lögstrup hat für diese Dimension den Begriff der „souveränen Daseinsäußerung" verwendet; ihn mache ich mir zueigen. Dabei kommt nicht zuletzt eine gewisse Unzuverlässigkeit des Autors auch dadurch ins Spiel, daß er – um willen der Phänomenerschließung – sich immer wieder *auf einer Grenze* plazieren wird: zwischen Philosophie und Theologie, zwischen Hermeneutik und Psychoanalyse, zwischen Philosophie und Sozialwissenschaft/Rechtswissenschaft/Politikwissenschaft. Die Sicherheit eines methodisch klar abgesteckten ‚Raumes', in dessen argumentativer Binnenlogik man sich eines Phänomens bemächtigt, ohne sich durch alternative Betrachtungsweisen

7 Ebd., S. 318.

(etwa anderer Wissenschaften) in Frage stellen zu lassen, ist hier, durch diese Plazierung auf der Grenze, aufgegeben. Die Annäherungen gewinnen Experimentcharakter und sind auf Bestätigung und Widerspruch seitens des Lesers angewiesen.

Anlaß, sich dem ominösen Begriff der Verzeihung zuzuwenden, waren für mich die Debatten um Schuld und Schuldverdrängung, um Rechthaberei und heuchlerisch gutes Gewissen, um Entlarvungsattitüden und Demokratie-Enttäuschungen im Umfeld der deutschen Vereinigung. Der Anlaß beschränkt jedoch nicht das Feld der Fragestellung. Das Problem des Umgangs mit der Vergangenheit des Nationalsozialismus schiebt sich unweigerlich, parallel, in den Vordergrund. Die unsägliche Debatte, welches verbrecherische Regime sich die *größere* Barbarei hat zuschulden kommen lassen und welches die fürchterlicheren Folgen gezeitigt hat, darf hier – im Kontext dieser Erkundungsgänge – auf sich beruhen. Sie würde die Aussichten, ein Stück weit Klarheit zu gewinnen, nur verbauen.

7.

Im Sprachgebrauch kristallisiert sich die Differenz von Aussöhnung und Verzeihung anhand einer simplen Beobachtung heraus: Die Geister scheiden sich an der Sprachform des Gebots! Wir finden es nämlich nachvollziehbar zu sagen „Du sollst Dich aussöhnen mit N. N.“, aber wir verzeichnen eine gewisse Hemmung bei der *Forderung* „Du sollst verzeihen“. Das klingt fast so absurd wie „Du sollst gefälligst lieben“. Stattdessen ziehen wir Umschreibungen vor, bzw. wir finden es sprachlich erträglicher, wenn jemand eine *Bitte um Verzeihung* vorbringt oder, negativ, von einer Tat sagt, sie sei „eigentlich unverzeihlich“.

Erkundungen im empirischen Sprachgebrauch helfen übrigens nicht immer weiter: die verbreitetste Wendung „oh, Verzeihung!“ als Bitte um Entschuldigung bezieht sich auf Bagatell-Karambolagen, bei denen nicht einmal klar ist, ob der um Verzeihung Ersuchende überhaupt ursächlich „schuld“ ist an dem Mißgeschick. Das spontan ausgestoßene „Entschuldigung“ besagt hier also nicht mehr als ein höfliches Bedauern; auf diese Bekundung wird ja von der Gegenseite nicht selten mit der gleichen Bitte geantwortet – ein gegenseitiges Ersuchen um Nachsicht anläßlich kleiner Mißhelligkeiten im Alltag.[8]

---

8 Die Schriftstellerin Monika Maron, die Anstoß nahm an ihren verbitterten, rücksichtslos-hektisch sich aufführenden ostdeutschen Mitbürgern, hatte – um selbst einen Denk-

Aufschlußreich ist ja unser alltäglicher Sprachgebrauch an diesem Punkt: Wenn wir uns sagen „das kann ich mir nie verzeihen“, so beziehen wir uns dabei häufig auf Bagatellfälle im alltäglichen kommunikativen Umgang, oder auf Vorgänge, die eher zufällig-schicksalhaft waren, an denen wir nicht ‚schuld‘ waren, sondern in bezug auf die wir uns Vorwürfe machen, irgend etwas versäumt zu haben. Fälle von der Art: ein Freund stirbt – man wußte von dem schweren Leiden, hielt auch Kontakt, aber schob die Reise ans Krankenbett immer wieder auf, bis es schließlich zu spät war. Seltenst hingegen verbindet sich jener Satz beim Sprecher mit einer Vergegenwärtigung eines wirklich schlimmen Vergehens, etwa eines Aktes des Treubruches o. ä. In diesen Fällen haben wir stets ein ganzes Reservoir von Selbstschutzformeln an der Hand (z. B.: ‚Im Grunde gehören zu so etwas natürlich immer zwei …‘).

Die Bedeutung von „Entschuldigung“ überlappt sich mit der von „Verzeihung“, ist aber nicht mit ihr identisch. Von Entschuldigung sprechen wir, wenn wir, obwohl es *scheinbar* allen Anlaß dazu gibt, uns *nicht* angegriffen fühlen bzw. die Handlung des anderen so interpretieren, daß wir keinen Anlaß haben, uns angegriffen zu fühlen. Das kann auch einfach heißen, daß wir uns entschließen, eine anstößige Handlungsweise zu ‚übersehen‘. Dies ist natürlich dann leicht, wenn wir dieser Situation gegenüber sowieso relativ gleichgültig eingestellt sind, so daß sich ein Streit gar nicht lohnt. Gravierender stellt sich der Fall dar, wenn es eines eigenen Erklärungsaufwandes, einer Interpretationsanstrengung bedarf, um die Schulddimension im Vorgang ‚wegzuinterpretieren‘.

8.

Nachsicht verstehe ich als eine im Sozialen und Politischen zu verortende Abschattung der „Verzeihung“. Die Mit- und Umwelt, die Zeuge eines verwerflichen Geschehens wird und sich davon betroffen weiß und mit Betroffenheit reagiert, kann nicht stellvertretend für das Opfer *verzeihen*,

---

Anstoß zu geben – sich bei ihren Einkäufen in Supermärkten darauf eingelassen, sich ständig *ohne Anlaß* zu entschuldigen: „Wie eine Animatheuse gehe ich zwischen ihnen umher, lächle und entschuldige mich, entschuldige mich und lächle, hoffend, sie werden meine Botschaft eines Tages verstehen.“ Hier also: die Bitte um Verzeihung als eine Prophylaxe gegen blindwütige Rücksichtslosigkeit.Vgl. Monika Maron, Zonophobie, in: *Kursbuch* 109, September 92, S. 92.

aber sie kann unter bestimmten Umständen sehr wohl *Nachsicht* zum Ausdruck bringen.

In der *veröffentlichten Meinung* finden freilich Gehässigkeit, Ressentiment und Unnachsichtigkeit eher Beachtung und Resonanz, als daß auf Nachsichtigkeit zu rechnen wäre. In einem generellen kulturpessimistischen Rundumschlag könnte man das – mit Nietzsche und Kierkegaard – eben als das eigentümlich Niederträchtige der öffentlichen Meinung ausgeben.

Konkreter freilich ist das folgende Argument: In der immer komplexer werdenden ausdifferenzierten Gesellschaft fällt es den ‚Verantwortlichen' leicht, beides zugleich zu tun: die Verantwortung auf „die Strukturen" abzuschieben und für jedes mögliches Fehlverhalten – als letztlich unerheblich für die strukturellen Abläufe! – auch ‚die Verantwortung zu übernehmen'. Immer häufiger bleibt – so der Eindruck des ‚Außenstehenden' – die Formel „ich übernehme dafür die Verantwortung" folgenlos. Dieser Umgang mit Verantwortung führt dazu, daß in der Öffentlichkeit die Fähigkeit erodiert, Nachsicht zu üben.

Die *virtuelle* Bereitschaft dazu versinkt in dem Brei jener Nachsichtigkeit, die die ertappten Agenten sich selbst schenken – deren gesellschaftliche Außenseite die ausufernde filzokratische Kumpanei ist („Saludos Amigos!"). Die Struktur einer ausgewählten Schar exkulpationsbereiter Freunde, die Milde gern gewähren, unterscheidet sich idealtypisch freilich von dem universalistischen Wahn eines Mielke, der gleich vorgab, *alle* zu lieben. Die Liebe zu allen ist eben ein zu dünnes Netz: Nur die Nachsicht *einiger* stabilisiert den schlitzohrigen Verantwortungsträger – mit der Folge, daß er auch eine un-nachsichtige aber kurzatmig vergeßliche öffentliche Meinung aussitzen kann. Auch das lächerliche Imitat allumfassender göttlicher Liebe, jener Ausruf Mielkes „ich liebe euch doch alle", sollte ja der Entlastung dienen, sollte davor schützen, zur Verantwortung gezogen zu werden. Aber so wenig es den Leuten, wenn sie als „Volk" auftreten, eigentümlich ist, Verzeihung zu üben, so wenig sind sie gewillt, die Scharlatanerie einer Geste zu tolerieren, die eine nur dem Göttlichen vorbehaltene Liebe strategisch-politisch usurpiert. Vielleicht verspüren die Menschen ja auch instinktiv, was Proudhon auf die Formel brachte „Wer ‚Menschheit' sagt, will betrügen". – Worauf Mielke mit jenem inzwischen berühmt gewordenen Wort insgeheim Anspruch erhob – die Entlastungszusage von seiten der Opfer seiner Politik –, das findet sich viel besser satirisch ausgedrückt auf dem nach der Wende verbreiteten Plakat, welches Karl Marx zeigt mit dem Spruch „Proletarier aller Länder – vergebt mir!"

Die Nachsicht, die sich die einzelnen *Privatleute* in der bürgerlichen Gesellschaft gönnen, wenn sie tagtäglich moralische Minimalstandards unterlaufen, bringen sie ausdrücklich denen nicht entgegen, die sie als ihre politischen Repräsentanten gewählt haben. Man kann darin das Positive sehen, daß so wenigstens – gegen sich ausbreitenden Zynismus – noch die Standards hochgehalten werden. Doch gerade der Privatmann, der es sich mit den Standards möglichst leicht macht, ist nicht gewillt, Nachsicht zu üben. Der Daumen zeigt nach unten. Es sei denn, ein Politiker hat Durchhaltevermögen. Dann mag ihm jene Form der Nachsicht zuteil werden, die eine gewisse Schlitzohrigkeit dem *Charakterprofil* der betreffenden Persönlichkeit so zurechnet, daß sie es in deren öffentlichem Auftreten fast schon nicht mehr missen möchte …

9.

Nicht unerheblich für unsere Urteilsbildung bezüglich der Verzeihung ist die Unterscheidung von *Taten*, die wir eventuell für zufällig oder beiläufig halten, und dem *Charakter* der Person als dem Ensemble der für diese bestimmte Person typischen Wesenszüge. Beiläufig ist eine Handlung ja dann, wenn wir gute Gründe für die Annahme zu haben glauben, die betreffende Tat/Unterlassung spiegele nicht die ‚eigentliche' Stärke, eben: die Eigentümlichkeit dieser Person. Wir sind dann gern *geneigt*, über einen solchen Vorgang *hinwegzusehen*, wenngleich er uns irritiert hat und er ‚objektiv', als Vorgang, nicht ‚auf die leichte Schulter zu nehmen' ist. Ganz anders verhält es sich mit Vorgängen, in denen sich, wie wir annehmen, das spezifische Profil eines Menschen, seine geistige Identität, abzeichnet. „Daß er in dieser Situation so versagt hat, ist ganz typisch für ihn!" In solchen Urteilen entlädt sich Enttäuschung, Entrüstung, aber auch: die Tendenz zur *Fixierung* eines Menschen auf eine ihm eigentümliche Wesensart. Das reicht hin bis zur Abschreibung „Mit dem bin ich fertig". Nachsicht zu üben im Fall der ärgerlichen, aber für zufällig erachteten Geschehnisse, ist zwar auch ehrenwert, aber für unsere Themenstellung weniger gewichtig als die Gewährung der Verzeihung im Kontext jener herausfordernden Akte, die wir der Person als einer *beständigen* Größe zurechnen. Es fällt natürlich erheblich schwerer, Verzeihung zu gewähren, wenn das auslösende Faktum gleichsam in der Person aufgehoben ist, uns also auch später von Angesicht zu Angesicht begegnet. In diesem Vorgang stehen wir auch selbst auf dem

Spiel mit unserer Neigung, sich von anderen ein Bild zu machen (dies natürlich immer gemäß *unserer* individuellen Einbildungskraft). Im Akt des Verzeihens lassen wir ‚ein Stück weit' auch unsere *eigenen* Vor-Urteile fahren.

Zwar heißt es in normativen Texten apodiktisch „du sollst dir kein Bild machen!", aber dieses Sich-vom-anderen-ein-Bild-machen ist doch zutiefst ‚menschlich', ist gleichsam den lebensweltlichen Umgangsweisen eingeprägt. Es geschieht unüberlegt, erleichtert sogar die Orientierung und ist ja keineswegs per se verletzend. Aber es *kann* sich plötzlich herausstellen, daß man mit dieser Art von Fixierung einem anderen Menschen nicht gerecht geworden ist und ihn womöglich durch ein Verhalten, das diesem Bild entsprach, verletzt hat. Wie verletzend ein solcher Vorgang sein kann, wird sofort geradezu physisch spürbar, wenn man selbst Opfer der auf ein bestimmtes ‚Bild' fixierenden ‚Sicht' der anderen wird.[9] In solchen Situationen wird es evident, daß – mit Heidegger zu reden – wir in der Daseinsweise des „Mitseins", noch diesseits aller mit Schuld im moralischen Sinne verbundenen Konnotationen, auf das Gewähren und Empfangen von Verzeihung (allgemeiner: auf ein Klima der Nachsichtigkeit) angewiesen sind.

10.

Unser Verantwortungs- wie unser Schuldbewußtsein reicht offensichtlich weit über das hinaus, was wir zum Beispiel juristisch als ‚Zurechenbarkeit' von Handlungsfolgen erfassen. Werden einem Menschen in einer Situation allgemeiner Unübersichtlichkeit angebliche indirekte Handlungsfolgen vorgehalten oder gar angerechnet, und zwar mit rechtlichen oder sozialen Sanktionskonsequenzen, so setzt er sich vermutlich zur Wehr und lehnt die Übernahme der Verantwortung in einem solchen Sinne strikt ab. Sein *Gefühl* der Schuldverstrickung indessen reicht womöglich weiter. Der Autofahrer, der sich keinerlei Fahrlässigkeit zuschulden kommen ließ und dennoch ein Kind mit Todesfolge überfuhr, wird sich – so ist anzunehmen – entschieden dagegen wehren, sich von gesellschaftlichen Instanzen die Verantwortung am Tode des Kindes zuschreiben zu lassen; doch das wird wenig daran ändern, daß ihn dieses Geschehen ungeheuer belastet und daß

---

9 Sartre hat in *Das Sein und das Nichts* (1943) eine subtile Beschreibung der Wirkungsweise dieser Art des objektivierenden Blicks vorgelegt. In dem Film „Les jeux sont faits" (1947) wurde diese von Sartre theoretisch reflektierte Beobachtung sinnfällig dargestellt.

vielleicht sogar erst – wenn Zeit verstrichen ist – ein nachsichtiges Wort der erschütterten Eltern des Kindes ihm helfen wird, sein seelisches Gleichgewicht wiederzufinden.

Es ist eine triviale Feststellung: In ihrem Handeln implizieren die Menschen stets mehr, als sie glaubten verantworten zu können. Die Dimension folgenreicher ungewollter Effekte schlägt – erst recht wenn man die Systeme ‚Wissenschaft' bzw. ‚Technik' zum Gegenstand der Erörterung macht – immer unerbittlicher auf das Menschengeschlecht zurück. Die Menschen handeln dennoch – sie *müssen* handeln. Und sie laufen damit unweigerlich Gefahr, schuldig zu werden. Zuweilen erschrecken sie im Augenblick der Tat, falls die unerwarteten Handlungsfolgen wirklich *erfahrbar* sind. Besonders spektakulär sichtbar wird das natürlich in Ausnahmesituationen. Es heißt, daß die deutschen Soldaten bei ihrem ersten Angriff mit Gas, an der Weichselfront 1916, so sehr entsetzt und verstört waren über das Ausmaß der von ihrer Waffe angerichteten Verheerungen, daß sie die russischen Feinde auf dem eigenen Rücken aus der Gefahrenzone schleppten.[10] – Man kann aus diesem Vorgang den hoffnungsvollen Schluß ziehen: Jeder grauenvolle Exzeß menschlicher Aktivität wecke in den Menschen auch, korrespondierend, eine Energie des Guten, der Barmherzigkeit, der Brüderlichkeit, die ohne jenen Anstoß nicht in die Welt gekommen wäre. Das mag in der Tat so sein, doch sich dabei zu beruhigen, wäre unerträglich naiv. Sind doch inzwischen die Nebenfolgen unserer ‚Innovationen' längst nicht mehr so unmittelbar greifbar, wirken sich oft nur sehr indirekt und häufig erst Generationen später aus.

Wenn wir uns dennoch nicht aller möglicherweise fatalen Aktivitäten enthalten, kann das auf zwei mögliche Grundhaltungen zurückgeführt werden: Entweder wir sind egoistisch-zynisch und handeln nach der Devise ‚carpe diem', oder wir glauben daran, sofern wir handeln *nach bestem Wissen und Gewissen*, aufgehoben zu sein in einem Geist der Verzeihung, der im Grunde ontologisch vorrangig unsere Praxis immer schon umfängt. – Der Vorwurf ist antizipierbar, hier bastele sich einer eine Auffangposition für einen noch raffinierteren Zynismus zurecht. Gegen diese Vorhaltung ist nur mit dem Hinweis aufzukommen, die Handlungssubjekte müßten eben *nach bestem Wissen und Gewissen* handeln! Nimmt man diese ins Läppische abgesunkene Formel ernst, so impliziert sie, daß die Subjekte es sich eben mit ihren Abwägungen *so schwer wie möglich* machen! Ein objektives,

10 Eindrucksvoll dargestellt bei André Malraux, *Lazarus*, Frankfurt/Berlin 1980, Teil I.

hartes, diskussionsunabhängiges Kriterium für das ‚beste' Wissen, an dem man das Gewissen auch von außen zu messen hätte, gibt es nicht.

Zusehends schrumpft die Möglichkeit, dem *einzelnen* Wissenschaftler/Techniker im technologischen und wissenschaftlichen Prozeß noch eine genau umrissene, nur ihm zukommende Verantwortung zuzuschreiben. Verantwortung wird – im Zeichen einer kollektiven ‚Mitverantwortung' – tendenziell anonymisiert. Daher ist es selbstverständlich lebenspraktisch völlig ausgeschlossen, sich aller *möglicherweise* fatalen Aktivitäten zu enthalten,[11] obwohl doch keine andere Erscheinung unserer Lebenswelt menschliche Verantwortungs*fähigkeit* so zu überfordern scheint wie die technologisch nutzbare Wissenschaft. Das wiederum evoziert Gefühle der Ohnmacht, die sich als zuweilen geradezu lächerliche Angst vor wissenschaftlichen Innovationen bemerkbar macht. Allerdings trifft es ja auch zu: Wissenschaftler überschauen oftmals die vernetzten Implikationen ihres Spezialgebietes nicht mehr; die Lebenszeit reicht gar nicht aus, das auszufüllen, was das eigene Wissenschaftlerethos gebietet. Die Menschheit führt mit der technizistischen Wissenschaft gegenwärtig unabsehbare Folgelasten herbei, deren Beherrschbarkeit ungeklärt ist.

Mit der Expansion des Machbaren steigt die *Verzeihungsbedürftigkeit der Gattung*. Ich sage: der Gattung, denn kein einzelner Wissenschaftler ist, angesichts der Fragmentierung und Ausdifferenzierung des Systems Wissenschaft, für womöglich fatale Folgen verantwortlich zu machen. Sein jeweiliger Beitrag ist ja nur ein verschwindend geringer, wenngleich er vielleicht der entscheidende Auslöser für einen neuen Sprung in noch folgenreichere Komplikationen war.

Selbstverständlich lassen sich immer noch bestimmte Fehler auf bestimmte Akteure zurückführen: wenn die Brücke einstürzt wegen eines Konstruktionsfehlers, so sind die Konstrukteure haftbar zu machen. Doch *die* technologisch bedingten Entwicklungen, die den meisten Menschen heute Sorgen machen, sind nicht nur unvorhersehbar, sondern lassen sich auch einem bestimmbaren Verantwortungssubjekt *in toto* gar nicht mehr zuweisen. Ein Systemtheoretiker wie Niklas Luhmann muß einräumen: „Die Operationen der Wissenschaft, der Wirtschaft, der Politik und des Rechts haben Folgen, vielleicht katastrophale Folgen, die mit den Mitteln

11 Vgl. K.-M. Kodalle, Verantwortung, in: *Ethik. Ein Grundkurs*, hrsg. v. H. Hastedt und E. Martens, Reinbek bei Hamburg 1994, S. 180–197.

dieser Systeme und ihren Codes nicht mehr aufgefangen werden können."[12] Dennoch müssen ‚wir' weiter – „im Horizont möglicher Katastrophen" (Luhmann) – Entscheidungen ins Ungewisse hinein fällen – mit aller gebotenen Vorsicht, selbstverständlich. Je unübersehbarer die Nebenfolgen solcher Handlungen werden, desto mehr ist die Gesellschaft auf ein Klima der Nachsicht ebenso angewiesen wie auf eine sensible, kritische Technikfolgenabschätzung und -begleitung. Wo kulturell dieses Klima der Nachsicht keine Befürwortung findet, bemächtigt sich eine hektische Rechthaberei des öffentlichen Diskurses, die auf Heuchelei beruht, denn wir alle handeln und leben ja anders: Wir tun nämlich sehr wohl so, als stünde uns ein unendliches Reservoir an nachsichtiger Korrekturpotenz einer wohlmeinenden Agentur der *invisible hand* gegenüber – eine *billige* Zuversicht, die im rheinischen Jargon trefflich gebündelt ist: „et hat noch immer jutjejange" …

Unter diesen Umständen ist es kein spekulatives Glasperlenspiel, sich auf philosophische Konzeptionen der Schuld einzulassen, die weit über die in einzelnen Akten und Ereignissen identifizierbare Schuldverstrickung hinausreichen. Auf jeden Fall sind solche Theorien geeignet, billigen Schuldabwälzungstendenzen entgegenzuwirken.

Einer *Überforderung* durch unreflektierte Ausweitung des Schuldbegriffs sollte man allerdings nicht das Wort reden. Hans Jonas hat in seinem „Prinzip Verantwortung" dargelegt, daß die technologischen Eingriffsmöglichkeiten neuzeitlicher Wissenschaft nunmehr eine qualitativ neue Stufe erreicht haben: der Mensch vermag die Erde als ganze zu verwüsten oder zu veröden. Er ist in der Lage, die Menschheit als ganze auszulöschen. Und er vermag in den Bestand des natürlich vermittelten *Wesens* des Menschen artifiziell einzugreifen: das Wesen des Menschen ist nicht mehr der *Hintergrund* oder *Horizont* seiner Taten, sondern deren möglicher *Gegenstand.* Damit sei dem Menschen eine ganz neue Verantwortlichkeit für das Ganze von Mensch-Welt-Natur zugewachsen. Nun hat bislang die Kulturgeschichte diese Verantwortung für das Ganze niemals dem Menschen vindiziert, sondern sie auf übermenschliche Instanzen wie Gott und seine Äquivalente (Natur, Schicksal) abgeschoben. Indem sich der Mensch diese Verantwortung zuspricht, weitet er nicht nur die Reichweite

12 Niklas Luhmann, Brauchen wir einen neuen Mythos?, in: *Soziologische Aufklärung 4. Beiträge zur funktionalen Differenzierung der Gesellschaft*, Opladen 1987, 254–274; hier: S. 267.

seiner eigenen Verantwortung ins Ungeheure aus, sondern provoziert zugleich – als Überforderungssyndrom – die epidemische Flucht aus der Verantwortung, und dies auch noch bezüglich jener Verhältnisse, die kommunikativ beherrschbar zu sein scheinen. Angesichts dieses Befundes ist Willi Oelmüller zuzustimmen, der für die *Begrenzung* des Schuldbegriffs auf diejenigen Handlungen in intersubjektiven Beziehungen und sozialen Institutionen eintritt, „für die sich Handelnde in ihrem Gewissen durch fahrlässige oder bewußt mit Vorsatz und Willen beabsichtigte und durchgeführte Handlungen verantwortlich wissen".[13]

11.

Manche konstatieren die *Herrschaft des Verdachts* im öffentlichen Leben. Der Schriftsteller Peter Turini hat von der „Verdachtsgesellschaft" gesprochen[14] und sie auf die *Angst* zurückgeführt, die in Verfolgungswahn umschlage, welcher sich im Verdächtigen gleichsam stabilisiere. – Ich halte diese ‚Erklärung' nicht für falsch, möchte aber zu bedenken geben, daß die Logik der Verdächtigung womöglich recht gut paßt zur *Schuldverdrängung* in einer verzeihungsresistenten Gesellschaft. Denn wenn es um die aktuellen Lebensverhältnisse – um Freundschaft, Familie, Beruf, Gesellschaft – geht, nimmt die Bereitschaft merklich ab, Fehlentwicklungen in einer Semantik zu interpretieren, in der dem Schuldbegriff eine dominante Rolle zukäme. Wer ohne Wenn und Aber von Schuld redete, wirkte da sogar einigermaßen anachronistisch. Dieser Abneigung, das Interpretament „Schuld" in die Deutung des eigenen Daseins einzubeziehen, scheint die Eskalation einer Logik des Verdachts im *öffentlichen* Leben zu entsprechen. Besonders auffällig wird das im Blick auf das Verhältnis zur *Vergangenheit*: wenn es um die ‚Schuld der Väter' geht, wird immer noch mit einer kräftigen Schuld-Rhetorik gearbeitet.

---

13 W. Oelmüller, Schwierigkeiten mit dem Schuldbegriff, in: Hans-Michael Baumgartner/ Albin Eser (Hrsg.), *Schuld und Verantwortung. Philosophische und juristische Beiträge zur Zurechenbarkeit menschlichen Handelns*, Tübingen 1983, S. 29f. Sein Fazit: „Erfahrungen von Schuld ohne Reflexionen, Argumentationen und Diskussionen sind blind, Reflexionen, Argumentationen und Diskussionen über Schuld ohne Erfahrungen von Schuld sind leer."

14 Peter Turini, Wie verdächtig ist der Mensch?, in: Die Zeit Nr. 38/16. 9. 1994, S. 61 f.

Auch wenn ich nicht die Absicht habe, mich auf Diskussionen der letzten Zeit, die um die Psychologie der 68er-Generation kreisen,[15] einzulassen, teile ich doch eine Beobachtung, die wenigstens *einen* Wesenszug (neben anderen) trifft: Die entschiedene, wenngleich den Akteuren unbewußt bleibende Identifizierung mit den Opfern des Holocaust, die an sich allen Respekt verdient, hat in die Verlautbarungen vieler Sprecher dieser Generation, sozusagen als Rückseite jener Identifikation, den Ton eigener moralischer Unanfechtbarkeit und rechthaberischer Überheblichkeit gebracht, der sich nicht etwa nur in den heftigen Debatten mit Repräsentanten der Vätergeneration qua Kriegsgeneration zeigte, sondern der auch ansonsten das politische Auftreten vieler Repräsentanten dieser Generation prägte. „Verzeihung“ oder auch nur „Nachsicht“ war in diesen anklagewütigen Zeiten lange eher ein Fremdwort. (Im Rückblick nehme ich selbst mich von diesem Urteil nicht aus!) In den Worten von Christian Schneider: „Stellvertretend für ihre Eltern leistete die Protestgeneration nachträglich Trauerarbeit, gab den eigenen Kindern mit Vorliebe Namen wie David und Lea, Daniel und Judith und bekannte sich exzessiv zu einer Schuld, die nicht die ihre war. Diese paradoxe Konstellation war, sozialpsychologisch gesehen, eine höchst notwendige Passage für die psychische Erneuerung der Nachkriegsrepublik. Und gleichzeitig der Einsatzpunkt für die hochfahrende Achtundsechziger-Moral und den mit ihr einhergehenden Kitsch. Zu ihnen gehört das Schwelgen in Betroffenheit ebenso wie ein Daueranklageton und das großspurige Hantieren mit apokalyptischen Schreckensszenarien: Auschwitz wurde – aus der erborgten Opferperspektive – das Menetekel, mit dem jede Diskussion abrupt beendet werden konnte – eine Instrumentalisierungsstrategie von hohen Graden, die als solche bis heute jedoch kaum angemessen und angstfrei benannt werden kann.“ Auschwitz, das von den Deutschen verschuldete Menschheitsverbrechen, wurde zu eine Art von Passepartout, das beliebig verwendet werden konnte, wenn man einer schwachen Argumentation moralische Durchschlagskraft verleihen wollte. Schneider fügt noch eine weitere Beobachtung an: „Wie vielfältig diese Schicksale sind, läßt sich etwa daran erkennen, daß die Generation der Achtundsechziger nun, nach einer vergleichsweise kurzen Zeit der kulturellen Hegemonie, ihren Abtritt von der Bühne mit einer neuen Selbstthematisierung begleitet. Die Anklagewütigen, die stets stolz auf ihre

15 Vgl. Friedmar Apel, Opferrollenspiele. Noch einmal zur Psychologie der Achtundsechziger, in: *F.A.Z.* vom 28. Juni 2006, Nr. 147, Seite N 3.

aggressive politische Haltung waren, entdecken sich derzeit als Frühtraumatisierte wieder: als Kriegskinder – Opfer der ersten Stunde. Und tatsächlich, es gibt gute Gründe dafür.“[16]

12.

Die maßvolle, bemessene Ent-Schuldung erscheint dann zutiefst fragwürdig und unangemessen, wenn Selbst-Verfehlung wirklich radikal gedacht wird. Gewiß, für lebbare *Ko*-Existenzverhältnisse ist gerade der Verzicht der anderen ausschlaggebend, die Unermeßlichkeit der individuellen Schuld auch nur zu thematisieren! *Künstlich* werden Maßverhältnisse von der Gesellschaft eingeführt, um Schuld zu identifizieren und sie – ebenso wie die Maßstäbe selbst! – bearbeitbar zu machen, damit schließlich Schuld gegebenenfalls sogar aufgehoben werden kann. An die *Suffizienz* dieser gesellschaftlichen, letztlich pragmatisch ausgerichteten Vermessung und Eingrenzung von Schuld zu glauben, bedeutet für das Ich indessen, in seine eigene gesellschaftliche Nivellierung und Funktionalisierung einzuwilligen. Angebracht ist die Akzeptanz dieser Formen *gesellschaftlicher* Ent-schuldigung nur bei gleichzeitiger individueller Einräumung ihrer Un-maßgeblichkeit. Das *Bewußtsein einer maßlosen Verzeihungsbedürftigkeit* ist Indikator dafür, wie es um die Würde der Person in einer Rechtsgesellschaft ‚bestellt' ist.

Die gängigen Theorien zur Moralität konzentrieren sich bekanntlich auf das *Sollen*, auf *Pflicht* und *Tugend.* Die Denk-Figur ist jeweils simpel – und man muß sich wundern, daß sie an ihrer eigenen Unglaubwürdigkeit noch nicht eingegangen ist: Angesichts der Übel in der Welt und der eigenen Malaise wird der *Entwurf* einer besseren Welt – material oder formal – begrifflich höchst nuanciert entwickelt, um dann der ohnehin unvollkommenen Welt abzuverlangen, sie solle sich gefälligst gemäß diesem Ideal vernünftig transformieren. Und die Artisten der Moralphilosophie stehen dann ratlos unter der Zirkuskuppel und beobachten frustriert, daß die Mitmenschen sich nicht nur um dieses philosophische Ideal nicht scheren, sondern auf kulturell für obsolet erachtete Verhaltensweisen regredieren.

Eine Ethik, die allen Nachdruck auf die – in universalisierungstheoretischer Strategie ausgewiesenen – Sollens*forderungen* legt, muß sich fragen

16 Christian Schneider, Deutsche Spezifik. Achtundsechziger: Eine Antwort auf Friedmar Apel, in: *F.A.Z.* vom 12. Juli 2006 (Nr. 159), S. N 3.

lassen, ob in ihr nicht die *Unvermeidlichkeit* des Scheiterns vorprogrammiert ist. Versagt nicht *jeder* endliche Mensch in seinen moralischen Entscheidungen, wenn man diese am gesinnungsethischen *Optimum* mißt? Es ließe sich die Ausrichtung am moralischen Optimum gewiß aufrechterhalten, wenn ihr eine befreiende Erschließung *voranginge*, in der dem Individuum jene Nachsicht mit sich selbst vermittelt würde, die es, nebenbei gesagt, auch überflüssig machte, sich angesichts des stets nur partiellen Gelingens einer moralischen Option die Maske der Heuchelei aufzusetzen.

Die ‚übliche' Gegenüberstellung: hier das um seinen moralischen Status sich mühende und vom Absurdismus der Vergeblichkeit seines Unterfangens bedrohte Ich – dort das vollkommene absolute Ich, das ‚alles' durchschaut und per se gut handelt, ist also hinfällig. Wir sehen uns vielmehr veranlaßt, das (vorrangig:) mit anderen und (folglich:) mit sich *nachsichtige* Ich voranzustellen, welches einen Geist der Verzeihung repräsentiert, der dazu befreit, die angestrebte Sorge um sich selbst im Augenblick der *riskanten* moralischen Entscheidung auch hinter sich zu lassen. Gerade weil das eigene Schicksal nicht daran hängt, das *Extrem* des moralisch Geforderten auch real einzulösen, besteht allergrößte Aussicht, ihm sich aufs Intensivste anzunähern. Denn dieses Ich ist gewissermaßen leichtfüßig – wenn auch (hoffentlich) nicht: leichtfertig – geworden.

13.

Das moralische Subjekt, das Integrität *anstrebt* und um seine Selbstgefährdung weiß, ist auf diesen Geist der Verzeihung angewiesen, um die Möglichkeit der *Selbstachtung auch im Scheitern* zu wahren. *Jede* moralische Anstrengung *könnte* sich als Selbst*überforderung* herausstellen – ohne daß man sich jemals damit selbst entschuldigen dürfte, eine bestimmte moralische Forderung stelle nun einmal eine *Über*forderung dar! Allerdings muß man sich sehr wohl fragen, welchen Sinn Theorien haben können, die *von vornherein* als exzessive Überforderungskonzepte erkennbar sind! Ich denke an Theorien vom Typ Albert Schweitzer oder Hans Jonas. Ersterer erweiterte bekanntlich die Verantwortung *grenzenlos* auf „alles, was lebt"; letzterer schloß am Ende nicht nur die zukünftigen Generationen und das Geschick der gesamten Biosphäre in den Verantwortungsappell ein, sondern mutete dem endlichen Ich auch noch zu, den total an sein Schöpfungsexperiment entäußerten Gott mit-zuerlösen.

Ich empfehle eine Umkehrung der Betrachtungsweise. Wenn richtig ist, daß *jeder* Mensch ein in seiner moralischen Integrität *gefährdetes* und *korruptionsanfälliges* Wesen ist, muß die moralphilosophische Reflexion, die auf eine Verbesserung der Zustände im Zeichen wachsender Verantwortung und Mündigkeit zielt, von diesem Befund einer tiefen Zerrissenheit des Menschen *ausgehen*. Nicht, um – wie es in manchen traditionalen katholischen und evangelischen Entwürfen der Moraltheologie der Fall ist – den Menschen so in seiner Würde, Selbstachtung und Vernunftfähigkeit zu verkleinern, daß dann die rettende Gnade Gottes um so stärker als einziger Ausweg aus der Misere aufleuchten kann; *diese* theologische Strategie ist seit Nietzsche entlarvt und kommt mit Grund bei den meisten Menschen nicht mehr an. Nein, der Ansatz bei den *Erfahrungen* eigenen Versagens und eigener Schuld, die als Narben und Wundstellen in die Seele eingelassen sind, soll nur eines deutlich machen: Ehe wir uns Theorien herrschaftsfreier Kommunikation und einer ethischen Innovation unserer kruden Verhältnisse widmen können, müssen wir uns auf das fundamentale Problem einlassen, wie Verzeihung, Nachsicht und Entschuldigung – interpersonell, gesellschaftlich, politisch, rechtlich – begünstigt, ja: durch philosophisches Nachdenken befördert werden können. Das darf in der Philosophie nicht geschehen unter Inanspruchnahme von Offenbarungswahrheiten. Aber es kann kein Zweifel daran bestehen, daß es für dieses Vorgehen *auch* jene eindrucksvolle Schlüsselgeschichte gibt, die hier im Hintergrund bleibt: Ich meine jene Geschichte von der ertappten Ehebrecherin. Gewiß, der überzeugte Fromme könnte einwenden, in jener Geschichte des Neuen Testaments – ebenso wie in der vom Verlorenen Sohn – sei doch alles gesagt. Indessen, solche Rede zehrt vielleicht nur von einer Pseudo-Plausibilität. In einer immer komplexer werdenden rational vernetzten und sich immer rascher verändernden Welt kommt es doch darauf an, jene *disclosure*, jene unmittelbare Erschließung eines Geistes der Verzeihung, auf den unterschiedlichen Ebenen des Zusammenlebens – Familie, Freundschaft, Nachbarschaft, Recht, Staat – aufzusuchen und nachzuvollziehen.

14.

Vom *Kind* wird Verzeihung naiv wie eine große Selbstverständlichkeit erlebt – ohne daß es sich *strategisch-reflexiv* in Konflikten auf sie bezöge und sich dadurch Freiräume für abweichendes Verhalten sicherte. Vielmehr

‚denkt' das Kind ängstlich an die von ihm heraufbeschworene Strafe – und ‚weiß' doch, selbst wenn sie eintritt, daß es in einer Zuwendung lebt, die der Sanktion *zugleich* ihr Lastend-Zerstörerisches entzieht. Ist sie erfolgt, so ist sie doch alsbald ‚wie weggeblasen'.

In idealtypischer Betrachtungsweise unterstelle ich eine Art Dialektik von Sanktionierung und angstzersetzender Aufhebung. Im Lichte dieser Dialektik legt es sich mir nahe, folgendermaßen zu präzisieren: Nicht Aussöhnung, sondern Verzeihung als schon immer gewährte Annahme liegt dem Verhältnis der Eltern zum Kind zugrunde. Mögen die Verhaltensweisen der ‚lieben Kleinen' auch zuweilen die Eltern-Nerven strapazieren und nicht selten Gegenmaßnahmen der elterlichen Autorität provozieren, so liegt darin doch keine Reziprozität, die etwas mit den Mechanismen des Rechts – wie Vergeltung, Sühne, Strafen – zu tun hätte. Ich zähle bewußt – und vielleicht Staunen hervorrufend – auch die Strafe auf. Sie ist ihrem Sinne nach im Falle kindlichen Fehlverhaltens nicht rationale Korrespondenz zum Schadensfall, sondern zieht ihren Sinn und ihre Berechtigung *allein* aus der Perspektive des *Schutzes* für das Kind und seine Entwicklung. Wo sich in ihr *auch* der Zorn der genervten Eltern als *Sanktion* ausdrückt, verfehlt sie ihre eigentliche Bestimmung. Als Schutz und Erziehungsmittel steht ihr Maß und ihre Angemessenheit stets zur Disposition. Nichts ist vorprogrammiert. Es kann *die* Problemlösung sein, das Kind, das gerade dabei ist, in Rage zu geraten und seinem Destruktionstrieb freien Lauf zu lassen, zärtlich-fest in die Arme zu nehmen und so durch ‚überwältigende' Zärtlichkeit zu beruhigen. Das funktioniert beileibe nicht immer. Und so muß auch die elterliche Autorität mit Kraft physische Gegenmittel ergreifen können, um Schlimmstes zu verhindern. Doch gerade diese Disponibilität der elterlichen Maßnahmen legt deren ‚dienende' Souveränität frei: Sie sind ja dem Kind an Macht und Klugheit so sehr überlegen, daß sie ihre eigenen Frustrationen gegenüber dem Schwächeren gar nicht ausagieren *dürfen*; ihre Maßnahmen gehorchen, idealiter, allein der Maxime, bei allen Interventionen *situationsspezifisch*, *nicht delikt-spezifisch* auf das Kind einzuwirken.[17]

17 Vgl. zur pädagogischen Bedeutung der Strafe: Anselm Winfried Müller, Das Paradox der pädagogischen Strafe, in: Klaus-M. Kodalle (Hrsg.), *Strafe muss sein! – Muss Strafe sein? Philosophen – Juristen – Pädagogen im Gespräch* (Beiheft 1 zum *Kritischen Jahrbuch der Philosophie*, Jena), Würzburg 1998, S. 127–145.

So gerät das Eltern-Kind-Verhältnis – in seiner idealen, von störenden Afektionen nicht eingetrübten Dimension – zum lebensweltlichen Schema eines Kommunikationsverhältnisses, in dem kategorisch „Gnade *vor* Recht" gilt, – nicht als „Gebot", sondern als souveräne Daseinsäußerung. Insofern ist das Eltern-Kind-Verhältnis die *einzige* lebensweltliche Region, in der sich prototypisch und ausnahmsweise als *unerläßlich konstitutiv* jene Macht der Verzeihung bekundet, die in allen übrigen Kommunikationsverhältnissen, selbst in dem zum Eltern-Kind-Verhältnis parallelen Verhältnis der Ehe, sich nur als *indirekt*-gegenwärtiges Hintergrund-‚Klima' behauptet. Diese prototypische Stellung der Eltern-Kind-Relation beruht nicht, wie man vorschnell meinen könnte, auf naturalen Voraussetzungen. Im Gegenteil: dieser Charakter verdankt sich jener abendländischen kulturellen Entwicklung, die – zum Beispiel durch staatliche Altersversorgung, Pflegeversicherung u. ä. – die *natürliche Erwartung* der Eltern an die Kinder, von diesen kompensatorisch im Alter versorgt zu werden, hat hinfällig werden lassen! Mit dem Fortfall dieser Art von Generationen-Gegenseitigkeit ist das Eltern-Kind-Verhältnis von einer Erwartungshaltung entlastet worden, die es *nunmehr*, in dieser zivilisatorischen Spätphase,[18] als Paradigma im genannten Sinne geeignet erscheinen läßt. (Die spontane Zuwendung und Sorge der Eltern, in der wir gern kalkulationssfreie Selbstlosigkeit und liebevolle Aufopferung erkennen, dient der frommen Subjektivität als Beispiel für die Liebe Gottes, die sich von den Menschen ja auch keinerlei Vorteile verspricht.)

Nun unterliegt es keinem Zweifel, daß auch Eltern Rechte haben, die sie gegenüber dem Kind geltend machen *können*. Kinder sind ihrerseits Rechtssubjekte, die ihre Rechte gegenüber Eltern durchsetzen (lassen) können. Kinder werden teilweise recht früh (in anderen Kulturen) in die Pflicht genommen, zum Einkommen der Familie beizutragen. Solche *Rechtsmittel* lassen jene Verzeihungsdimension in den Hintergrund treten. Wo Rechte beansprucht werden, verstrickt man sich oft in Konflikte. Zu deren Aufhebung aber bemüht man sich schließlich um *Aussöhnung*, nicht um Verzeihung.

Allemal ist die Kommunikation zwischen Eltern/Erziehern und dem Kind ja durchsetzt von Äußerungen der Schuldzuweisung, der Selbst-

18 Ich bin mir dessen bewußt, daß diese Freistellung vom Erwartungsdruck gesellschaftlich aus ökonomischen Gründen widerrufbar ist. Erste Stimmen, die in diese Richtung zeigen, sind im politischen Diskurs vernehmbar.

rechtfertigung und der Entschuldigung. Kinder verstoßen ständig gegen das alltägliche Ordnungsgefüge; sie stehen deshalb unter einem ständigen Druck, sich zu rechtfertigen. In bestimmten Entwicklungsphasen entdecken sie überhaupt erst die immer raffinierter werdenden Formen des Sich-Herausredens und des geschickten Lügens. Die eine Seite macht Vorwürfe und zieht zur Verantwortung, die andere, tendenziell machtlose, rechtfertigt und entschuldigt sich, redet sich heraus. Man darf dies als einen entscheidenden Faktor in der weiteren Entwicklung ansehen: Wie reagieren die Eltern bzw. die Autoritäten auf diese (von ihnen natürlich rasch durchschaute) mißlingende Selbst-Entschuldung? Stellen sie den Sachverhalt klar und überwinden sie doch die Funktionsstörung durch souveräne Nachsichtigkeit und gelebte Güte? Oder bestehen sie auf einer Mentalität des Anprangerns der kindlichen ‚Unehrlichkeit'? Das Verläßliche der Nachsichtigkeit muß dem Insistieren auf „Wahrheit", der Zurückweisung infantiler Ausreden, gleichgewichtig entsprechen. Neben vielen anderen Sozialisationsfaktoren dürfte diese Erfahrung mit dafür ausschlaggebend sein, daß sich beim Erwachsenen später das Vertrauen in ein gleichsam ontologisches Übergewicht des Guten einstellt. Und er wird dann diesen vorreflexiv erfahrenen Überzeugungsgrund von Wohlwollen und Nachsicht auch in eine Handlungswelt übertragen, in der expansiv „Begründung" und „Argumentation" zur Geltung zu bringen sind. Wo gegenüber dem Unmündigen die *unvermeidliche* strenge Mißbilligung einer ‚Grenzüberschreitung' als das *letzte* Wort im Raume bleibt, muß, sofern diese Struktur sich ständig wiederholt und die Versöhnung im Zeichen von Nachsicht und Entschuldigung ausbleibt oder im Unmerklichen verschwimmt, mit einer Langzeitbeschädigung der sittlichen Kompetenz auch des später Erwachsenen gerechnet werden. Zum Beispiel wird er – um seines seelischen Überlebens willen – womöglich im Falle der Kritik – berechtigter oder unberechtigter! – sofort und umstandslos Reue bekunden und zu einer konformistischen Einstellung Zuflucht nehmen, um sich selbst gar nicht erst in Frage stellen zu müssen und um sich so Verzeihung zu erschleichen. Oder aber er wird – im Gegenzug – sich in den Selbstbetrug flüchten und verlogen eine Ausrede auf die andere häufen, um sich der Dialektik von empirischem Ich und ‚besserem Wissen und Gewissen' gar nicht erst zu stellen. Auch die infantile Flucht in Wutausbrüche und tränenreiche Bekundungen der eigenen Unschuld kann man bei Erwachsenen erleben, die so ihrem Zur-Rechenschaft-Gezogenwerden ausweichen.

Die Vorhaltungen der überlegenen Erwachsenenautorität können bekanntlich auf Irrtum und Fehlurteil beruhen. Es dürfte eines der Schlüsselerlebnisse für Kinder sein, erfahren zu dürfen, daß ihre unzulänglichen Selbstrechtfertigungen gegebenenfalls *auch* bewirken können, daß Vater/Mutter ,in sich geht' und dem Heranwachsenden gegenüber einen Fehler ausdrücklich einbekennt, ja womöglich bei dem Kind um Verzeihung wirbt und Wiedergutmachung anstrebt.

Die entlastende Wirkung des verzeihenden Blicks scheint an die *natürliche* Asymmetrie gebunden zu sein, die zwischen Kind und Erwachsenem herrscht. Regelverletzungen, die ,normalerweise' irgendwelche Sanktionen provozieren, wird hier leicht ein Charakter der Unwillkürlichkeit zugesprochen. Und dies erlaubt eher den ,Aufhebungsvollzug' des verzeihenden Blicks. Stellt man sich dagegen jene Asymmetrie vor, die zwischen Erwachsenen durch einschneidende Schuldverstrickung entstanden ist, so verlagern sich die nonverbalen performativen Korrespondenzen: so unerträglich, ja kontraproduktiv die Versprachlichung „ich verzeihe dir" in dieser Form einer direkten Zusage erscheint, in der sich noch einmal die Demütigung des Schuldigen und die aufgespreizte Rechtschaffenheit des Verzeihenden spiegelt, so wenig löst doch, auf dieser Ebene, der verzeihende *Blick* die Verkrampfung. Es ist vielmehr die stumme *Gebärde*, etwa eine Umarmung, die in diesem Moment gerade *nicht* den Blick-Kontakt sucht, welche es erlaubt, daß nach dieser leibhaftig-symbolischen Zuwendung die dann wieder Getrennten sich frei, in respektvoller Anerkennung, erneut ,in die Augen schauen können'.

Das Prototypische im Eltern-Kind-Verhältnis kommt eindringlich in einer Geschichte zum Ausdruck, die ich dem Buch von Michael Epstein, „Tagebuch für Olga",[19] entnehme. Ein Kind ist immer wieder nachdrücklich ermahnt worden, eine bestimmte Unart zu unterlassen (es lutscht an seinen Pantoffeln ...). Einmal beobachtet der Erwachsene zufällig das Kind, wie es gerade traumverloren seinem Wunsch nachgibt; die Blicke von Kind und Erwachsenem treffen sich – und der Ältere sieht das entsetzte Erschrecken im Gesicht des ertappten Kindes. In diesem Augen-*Blick*, da sich das Differenzbewußtsein bemerkbar macht, welches wir als Konfiguration von Gewissen und Reue gelehrt beschreiben können, bleibt dem sensiblen Erwachsenen, der hier die Über-Ich-Instanz verkörpert, doch nur eines zu

19 Mikhail N. Epstein, *Tagebuch für Olga. Chronik einer Vaterschaft*, a. d. Russischen von Otto Markus, München 1990.

tun: das so in diesem Augenblick auch über sich selbst erschrockene Kind in liebevoller Nachsichtigkeit in die Arme zu nehmen.

Ein Gedankengang, der hier nicht durchschritten werden soll, der aber doch wenigstens angezeigt sei, bezieht sich auf die existenzielle Umkehrung des Eltern-Kind-Verhältnisses: im Alter, wenn die Souveränität der Eltern sich verflüchtigt und der Rückfall in senile Kindlichkeit (bis hin zur Demenz) droht, ist plötzlich das längst erwachsen gewordenen ‚Kind' mit dem stummen Ansinnen konfrontiert, im Modus einer ganz anderen Art von Verzeihung Zuwendung und Respekt gleichsam kontrafaktisch aufrechtzuerhalten, wenn allmählich die empirischen Grundlagen für die Erwartung auch nur geringster Anzeichen kommunikativer Resonanz schwinden. Übrigens ließe sich hier auch eine Erwägung anschließen, inwieweit Idee und Reichweite der Verzeihung nicht zu umstandslos mit „Liebe", zu der sie doch im engsten Bezug steht, verwechselt werden sollte. Allemal ist eine Haltung, die dem Geist der Verzeihung entspricht, weniger affektbestimmt und damit auch in ihrer Reichweite umfassender als die Liebe.

15.

An die vorangegangenen Reflexionen zu Nachsicht und Verzeihung im Eltern-Kind-Verhältnis sind einige allgemeinere Erwägungen anzuschließen.

Gewiß sind Reflexion und Argumentation bestens dazu geeignet, *naive* Ausflüchte aus der Verantwortung zu verstellen. Doch sie sind auch – wie schon erörtert – instrumental in Dienst zu nehmen für die Konstruktion gigantischer Entlastungstheoreme! Deshalb ist hervorzuheben: Die Orientierung an einer wahrhaftigen Lebensführung verdankt sich ursprünglichen vor-argumentativen kommunikativen Erschließungen, die auch noch den Versprachlichungsprozeß im umstrittenen Ethos ‚tragen'. – Jürgen Habermas, dessen Theorie des kommunikativen Handelns jedenfalls den Eindruck vermittelte, die Gültigkeit von humanen Praxisformierungen lasse sich auf die *Transparenz der Versprachlichung* von (nur *angeblich*) letzten Evidenzen zurückführen, hat einmal, eher beiläufig und durchaus sehr vage bleibend, in einem Gespräch zu erkennen gegeben, aus welchen ‚Ressourcen' sich vermutlich dieser Optimismus seiner Theorie speist: „In meinen Überzeugungen gibt es doch auch einen dogmatischen Kern. Ich würde lieber die Wissenschaft fahren lassen, als diesen Kern aufweichen zu lassen

– denn das sind Intuitionen, die ich nicht durch Wissenschaft erworben habe, die überhaupt kein Mensch durch Wissenschaft erwirbt, sondern dadurch daß er aufwächst in einer Umgebung mit Menschen, mit denen man sich auseinandersetzen muß und in denen man sich wiederfindet."[20] Die konkretere Frage, wie in diese Prozesse „Verzeihung" eingewoben ist, hat Habermas selbst nicht eigens zum Thema gemacht.

Der Philosoph Harry Frankfurt, den im Blick auf die Identität der Person gerade angesichts der Verlockungen des „anything goes" in der modernen Konsumgesellschaft die stabilisierenden, kontinuitätsverbürgenden Kräfteverhältnisse interessieren, erläutert mit einer gewissen Konsequenz, *Liebe* sei der Korrelationsbegriff zu *Sorge*.[21] Wenn wir gelingende Kommunikation also im Grunde als *Fürsorge* für den anderen zu interpretieren haben, versteht es sich auch von selbst, daß die Liebe nur auf der Basis einer gewissen Selbstliebe gelingen kann: eine Person muß sich um sich selbst sorgen und ständig an ihrem Selbst arbeiten. – So sehr das einleuchtet, so sehr ist doch auch deutlich, daß in solcher Sicht jene *Erfahrungen der Diskontinuität*, die eine Chance zur *Neubestimmung* des Selbst bieten, unterbelichtet bleiben. Schließlich könnte es doch so sein, daß in Konsequenz einer tiefgründigen Verunsicherungserfahrung fest ‚eingetaktete' Verhaltensmuster aus ihrer Verankerung gelöst und damit relativiert werden – nicht im Zeichen einer Beliebigkeit, sondern einer Neuausrichtung des Selbst. Und welche Erfahrungskontexte sind es denn, die eine solche positive Erschütterung auslösen *können* (nicht: müssen), wenn nicht die Erfahrungen des Bruchs und die Widerfahrnisse der Schuld/des Schuldigwerdens? Kurzum: die Bestimmung der Liebe als Sorge muß in Konsequenz unserer Überlegungen übertrumpft werden durch die Bestimmung der Liebe als Verzeihung.

Frankfurt hebt hervor, die Liebe der Eltern zu ihren Kindern sei gewissermaßen paradigmatisch für seine Überlegung. Auffällig sei doch, daß wahre Elternliebe sich als ‚ungebrochenes Vertrauen' auch dann noch zu manifestieren pflege, wenn dieses Vertrauen durch konkrete Verhaltensweisen der Heranwachsenden einer argen Belastung ausgesetzt wird. Es ist gewiß richtig, daß diese ungeheuer starke Zuwendung mit rationalen Erwägungen ebenso wenig erklärt werden kann wie mit dem Hinweis auf die Spontaneität tiefer Gefühle. Aber gerade dieses Beispiel macht in meinen

---

20 Jürgen Habermas, *Die neue Unübersichtlichkeit*, Frankfurt/M. 1985, S. 205f.

21 Vgl. Harry Frankfurt, *Gründe der Liebe*, Frankfurt/M. 2005.

Augen deutlich, daß die Grundhaltung einer basalen „Sorge“ womöglich nur deshalb nicht angesichts extremer Belastungen verdampft, weil sie durch stillschweigende Akte der Verzeihung immer wieder neu „Lebenskraft“ erhält.

16.

Verzeihung betrachte ich als die *geheime Mitte der Ethik.* Sie ist die umgangene Mitte, deren Thematisierung man, wie schon oben angemerkt, möglichst vermeidet. Zeigt sich da eine eigentümliche Scham, nicht an Sensibles zu rühren, weil der Vorgang die explizite ‚Gewalt‘ der ausdruckskräftigen Versprachlichung womöglich gar nicht verträgt? Vollzieht sich Verzeihung ‚stillschweigend‘? Diese Fragen sind nicht nur ‚rhetorisch‘. Sie zeigen an, daß nur in sehr behutsamer Manier diese philosophischen Erkundungsgänge durchzuführen sind.

Es fällt normalerweise schwer genug, in der intimen, der privaten Kommunikation einem anderen Menschen einzugestehen, daß man an ihm schuldig geworden ist.[22] Diese direkte Konfrontation schafft eine plötzliche kommunikative Asymmetrie, die auch beim Opfer Unbehagen auslösen dürfte: Im Augenblick der Selbst-Entblößung eines Schuldiggewordenen macht sich auf *beiden* Seiten, freilich unterschiedlich motiviert, ein *Gefühl der Scham* breit. Die totale Selbstentblößung stellt ja eine Selbst-Auslieferung an den anderen dar, die eigentlich nicht sein soll, denn sie macht für diesen Augenblick den Menschen total passiv, wehrlos, hebt seine Autonomie auf. Aber noch gravierender ist die Schamhaftigkeit des Opfers, das ja plötzlich in eine Position versetzt wird, die nur einem potentiell stets schuldlosen Wesen zukäme, also: einem Gott. In der Unbehaglichkeit, die die Person empfindet, der der andere sich offenbart, drückt sich das Unberechtigte dieser herausgehobenen Stellung aus! Der Ausspruch „gut, ich verzeihe dir“ will kaum über die Lippen kommen, denn er steigert – als

22 Welch ungeheure Entlastung bedeutete es wohl in Zeiten intakter Beichtpraxis, dieses Eingeständnis vor *Gottes* Ohr bringen zu dürfen und befreit davongehen zu können, mit der *göttlichen* Zusage „deine Sünden sind dir vergeben“. Das mochte – zum Beispiel in der sogenannten Buße – ja die Wiedergutmachung des Schadens einschließen. – In der fortgeschrittenen säkularisierten Welt, in der jener Glaube an das im Namen Gottes verlautbarte „ego te absolvo“ mehr und mehr verdampft, bleibt der Schuldiggewordene, wenn er denn nicht an seiner Schuld ersticken will, an das Opfer verwiesen, dem er seine Schuld einzugestehen hat.

stünde hier ein absolut Reiner, dort ein absolut Verworfener – die Asymmetrie des Vorgangs ins Unerträgliche. Es entspricht deshalb einem feinen Gespür für die eigene Schuldanfälligkeit, wenn das Opfer in der Regel jenen Satz, der nur einem Gotte vorbehalten scheint, lieber gar nicht ausspricht, sondern in einer non-verbalen Geste, etwa der Umarmung, und einem beiläufig Gemurmelten „o.k. – gut, gut" dem Täter signalisiert, er könne befreit abziehen. Ist vielleicht in solchen Situationen das „Schwamm-Drüber" doch die angemessenere Reaktion, weil nämlich die den ganzen Menschen meinende Entsühnung im Akt der Verzeihung gewährenden Gnade doch dem Gott vorbehalten bleibt?

Vielleicht hätte man die religiöse Verheißung der Gnade nicht so leichtfertig außer Kurs gesetzt, wenn die Institution Kirche – als Instanz der Verkörperung eines göttlichen Geistes der Verzeihung – sich nicht in Form einer fragwürdigen Stellvertretungstheologie bzw. -ekklesiologie im Laufe der Geschichte immer wieder angemaßt hätte, *im Namen Gottes* die Verurteilung der sogenannten Gottesfeinde auszusprechen und exekutieren zu lassen. Offensichtlich ist es selbst für die Institution Kirche eine übermäßige Anstrengung, die Spreu *nicht* vom Weizen zu trennen und das *letzte* Urteil Gott zu überlassen. In dem Augenblick aber, da in einer Epoche oder Machtkonstellation ganz klar ist, auf welcher Seite ‚die' Guten und auf welcher ‚die' Bösen stehen, wird man den Absolutheitsanspruch der Guten kaum noch abwehren können. Und damit sind die Bösen ‚geliefert'. Eine Philosophie der Verzeihung wird demgegenüber darauf achten, daß die klaren Unterscheidungen – hier die Guten, dort die Bösen, hier die Gläubigen, dort die Ungläubigen, hier die Reinen, dort die Unreinen – bei der Urteilsbildung in den Hintergrund gedrängt und gegebenenfalls außer Kraft gesetzt werden.

17.

Elias Canetti nannte gelegentlich die Vorstellung ‚merkwürdig', „ein Leben nach Akten der Verzeihung aufzubauen, die sich einer erlaubt".[23] Canetti hat die *Freude* am Aburteilen eindringlich vor Augen geführt. Er beobachtete, wie im Aburteilen die für die Möglichkeit des Verzeihens so konstitutive Differenz zwischen Tat/Objekt und Person fast unmerklich,

23 Elias Canetti, *Masse und Macht*, Frankfurt/M. 1980, S. 333.

fließend, eingezogen wird. Sieht man zunächst nur Anlaß, sich über ein schlechtes Buch, beispielsweise, zu mokieren, so weitet sich sehr rasch das abfällige Urteil auf den betreffenden Schriftsteller überhaupt aus, und schließlich klingt es, „als sage man ‚ein schlechter Mensch'".[24] Diese „harte und grausame Freude" des abfertigenden Urteilens, auf die man bei sich wie bei anderen immer wieder stößt, dokumentiert eine geradezu unheimliche Sicherheit, die weder Nachsicht noch Vorsicht kennt; vor allem interessant aber ist der *Zeitfaktor*, der dem unnachsichtigen Aburteilen seine Prägung gibt: Solches Urteil „wird rasch gefunden; es ist seinem Wesen am meisten gemäß, wenn es ohne Überlegung zustande kommt. Die Leidenschaft, die es verrät, hängt an seiner Raschheit. Das bedingungslose und das rasche Urteil sind es, die sich als Lust auf den Zügen des Urteilenden malen. Worin besteht diese Lust? Man schiebt etwas von sich weg, in eine Gruppe des Geringeren, wobei vorausgesetzt ist, daß man selbst zu einer Gruppe des Besseren gehört. Man erhöht sich, indem man das andere erniedrigt." Diejenigen, die man *vornehm* nennen darf, weil sie sich *im Geist der Verzeihung* des Urteils über die Gesamtperson enthalten und die sich im Grunde eines solchen Urteilsgestus' geradezu *schämen*, sind nach Canetti an den Fingern abzuzählen. Der Schriftsteller zögert nicht, von einer Urteils*krankheit* zu reden, von der annähernd alle befallen sind. Canetti sieht hier eine quasi-natürliche Tendenz am Werk, in der Einrichtung des eigenen Lebens eine abgründige Freund-Feind-Konfrontationsdynamik zu reproduzieren. In der Komplexität der je individuellen Lebenswelt sind diese dualistischen Gut/Schlecht- bzw. Gut/Böse-Spurenelemente durch Ausdifferenzierung zwar vielfach gebrochen und (dadurch) abgeschwächt, doch jederzeit können sie sich konsolidieren in Gruppenverdichtungen, die sich dann *gewalttätig* bekämpfen. „Das Urteilen über ‚Gut' und ‚Schlecht' ist das uralte Mittel einer dualistischen Klassifikation, die aber nie ganz begrifflich und nie ganz friedlich ist. Es kommt auf die Spannung zwischen ihnen an, und der Urteilende schafft und erneuert diese Spannung. Es ist die Neigung zur feindlichen Meutenbildung, die diesem Prozesse zugrunde liegt. Sie muß letzten Endes zur Kriegsmeute führen. Indem sie sich auf alle möglichen Gebiete und Tätigkeiten des Lebens bezieht, *verdünnt* sie sich. Aber auch wenn sie sich friedlich abspielt, auch wenn sie in ein oder zwei Urteilsworten abgetan erscheint, die Neigung, sie weiterzutreiben, zur aktiven und blutigen Feindschaft zweier Meuten, ist immer im Keime

24 Ebd., S. 331.

vorhanden."[25] So ist es niemals schlechthin ausgeschlossen, daß ‚aus scheinbar friedlichen Urteilen Todesurteile gegen den Feind werden'.[26]

18.

Nachsicht und die Bekundung eines Willens zur Versöhnung kann von jemandem, der sich mit einem bestimmten Vorgang auseinandergesetzt hat, gewährt sein, noch *ehe* derjenige, der sich schuldig gemacht hat, seine Schuld eingesteht. Das ist das Äußerste.[27] Aber in reiner Form, uneingetrübt, ist dieser Gestus interpersonell wohl kaum durchhaltbar. Entzieht sich der andere – der Verzeihung erfuhr, bevor er sie erbat – der Selbstkonfrontation, also: dem Eingeständnis seiner Verfehlung, und gibt er dies auch noch zu erkennen, so wird bei dem Nach-Sichtigen doch eine Spur der Bitterkeit und Enttäuschung zurückbleiben.

Im *öffentlichen* Diskurs indessen ist man mit anderen Strukturen konfrontiert: Im Rahmen der öffentlichen Meinung kann man, wenn die Schuldzuweisungen eskalieren und sich – wie z.B. in der Stasi-Debatte – herausstellt, daß häufig, natürlich etwas zeitversetzt, Opfer auch Täter und Täter auch Opfer waren, angesichts des unüberschaubaren Dschungels dekretieren: Schluß jetzt mit der Debatte – das Knäuel entwirren wir ohnehin nicht mehr!

Wenn zugestanden ist, daß Verzeihung ein entscheidender Anstoß zur Selbstkonfrontation sein kann, so ist doch immer wieder hervorzuheben, daß diese Selbstkonfrontation keineswegs *zwingend* erfolgt. Nach politischen Systemwechseln muß man deshalb gewärtig sein, daß die Nutznießer der Verzeihung, die ihnen rechtlich und politisch vermittelt gewährt wurde, sich ins Fäustchen lachen. Weitherzig tolerant muß man in einer *Kultur der Meinungsfreiheit* dann diese Stimmen der ‚Gestrigen' ertragen.

19.

Selbstverständlich ist das *Bedürfnis*, Verzeihung für schuldhafte Verfehlungen zugesagt zu bekommen, tief *gefühlsmäßig* verankert – so wie wir zu Recht auch vom Pflicht*gefühl* oder dem *Gefühl der Verantwortlichkeit*

25 Ebd., S. 332.

26 Ebd., S. 333.

27 In der Sprache der Frömmigkeit: ein Abglanz der göttlichen Verzeihung.

sprechen. Aber der Gestus des Verzeihung-*Gewährens*, gar noch aus eigener tiefer Verletztheit heraus, ist ein Schritt der mutigen, aber extrem schwierigen Selbstüberwindung. Sogar dann, wenn er wirklich gelingt, bleibt unter Menschen ein *Gefühl der Unangemessenheit* zurück; es stellt sich in der Regel nicht einmal ein Gefühl der Selbstzufriedenheit ein, zu solcher souveränen Distanznahme gegenüber den eigenen Impulsen des gerechten Zorns fähig gewesen zu sein. Während das *Gefühl* der Pflicht oder das *Gefühl* der Verantwortlichkeit durch Argumente intersubjektiv autorisiert werden muß, obwohl es ja die jeweilige Entscheidung erst mit der erforderlichen Lebens- und Schubkraft versieht, ist die ko-existentielle Seite der Aussöhnung im Horizont der Verzeihung nicht einmal konsensuell einlösbar, geschweige denn emotionaler Bestätigung fähig. Wohl könnten wir im allgemeinen Zustimmung zu dem Satz finden „Verzeihung ist höherwertig als Vergelten“, aber alle Erfahrung lehrt uns, daß die Geltung dieses Sollenssatzes graduell mit der Nähe zum Vorgang einer Lebens-, Rechts- und Würdeverletzung verblaßt angesichts der ausgelösten *berechtigten* Affekte der Empörung.

Es könnte sein, daß sich menschliche *Freiheit* – nicht als Willkürfreiheit verstanden, sondern begriffen als Wahrung eigener Würde in der Bindung an die Achtung der Würde der anderen – in *keinem* anderen Akt so unmißverständlich zu manifestieren vermag wie im Akt der Verzeihung, in dem auch der ‚Schwächste‘ und Unbedeutendste Souveränität und Größe des Menschseins zum Ausdruck bringt. Die Authentizität eines solchen Vorgangs wird dadurch gewahrt und gesteigert, daß er dem Blick des Dritten, des Zeugen, ausweicht, mithin am besten *ans Inkognito gebunden* bleibt. Bei der *Pflicht* verhält es sich durchaus anders: Die mutige Erfüllung der Pflicht regt geradezu an zur Veröffentlichung! Mut und Entschlußkraft *sollen* zur Nachahmung bewegen. Wer wollte bestreiten, daß auch die Akte der Verzeihung der Nachahmung *bedürften. Und doch vertragen sie nicht die Publizität* – so verletzlich, fast *nicht zu versprachlichen*, ist die Kommunikation, die im Akt der Verzeihung gestiftet wird. Es ist gerade die in der Verzeihung neu konstituierte Integrität dessen, dem Verzeihung gewährt wurde, welche die öffentliche Beachtung nicht verträgt. Um dieser Person(en) willen ist also auf die Kundgabe, ja: auf die Versprachlichung überhaupt zu verzichten.

20.

Der Kulturwissenschaftler und Philosoph Thomas Macho hat eindringlich-nachdenklich aufgezeigt, wie das Verzeihen mit dem *Verzichten* (auf Vorwürfe und Anklageerhebung) und mit dem Lassen-können (dem Ablaß, dem Ablassen von Verfolgungen) verschwistert ist.[28] Keine Verzeihung also ohne *Gelassenheit*. Aber vor allem legt Macho wert auf die Erkenntnis, daß Verzeihung auch *Versagung* ist: „Sie entzieht sich der Sprache. Im Wesentlichen ist die Verzeihung kein Sprechakt". „Die Worte der Verzeihung sind belanglos: ob mir Verzeihung widerfährt, kann ich an sprachlichen Wendungen gar nicht erkennen." Und die entscheidende Frage wird auch hier wieder – und nicht zum ersten Mal – gestellt: „Ereignet sich Verzeihung also bloß im Schweigen und in der Sprachlosigkeit? In den Augenblicken der Stille?"[29] „Die Verzeihung ist der Kuß, den der schweigsame Jesus dem Inquisitor auf die Lippen drückt."[30] Macho hat in seinem Essay das Wichtigste in diesem Zusammenhang auf den Punkt gebracht: Gesten und symbolische Handlungen sind hier viel aufschlußreicher als alle Worte. Gewißheiten kann man da nicht einfordern. Die innere Autorität eines Handlungsvollzuges der Verzeihung wird entweder erfaßt oder nicht erfaßt; über diese ereignishafte Plötzlichkeit einer Wiederherstellung der Kommunikation sogar auf höherem Niveau als zuvor kann man sich nicht räsonierend verständigen. Im Nu vielmehr hat sich eine Szene gewandelt – und darüber kann man sich wahrscheinlich nur nachträglich Rechenschaft ablegen.

„Die Wirklichkeit der Verzeihung ist die *Verwandlung*: die Erfahrung des Glücks, ein Anderer zu sein, als ich bin. Die Verzeihung ist kein Medium menschlicher Besserung; sie ist kein Wegweiser zum gelungenen Leben; sie ist kein Instrument der moralischen Erziehung. Die Verzeihung stellt keine Bedingungen, sie ist eben kein Vertrag mit kleingedruckten Klauseln. Die Verzeihung ist *Lassen-können* [...] Denn die Verzeihung verzichtet auf Tilgung der Schuld".[31] „Und erst die unverhoffte Erfahrung einer Verzeihung, einer bedingungslosen und wirklichen Verzeihung, unterbricht den Rhythmus der Besserungsveranstaltungen; sie gewährt uns Verwand-

28 Thomas Macho, Fragment über die Verzeihung, in: *Zeitmitschrift. Journal für Ästhetik*, Düsseldorf 1988, S. 135–145; vgl. S. 137–139.

29 Ebd., S. 141.

30 Ebd., S. 142.

31 Ebd., S. 143.

lung, indem sie die Teleologie aller Veränderungsplanungen negiert [...] Verzeihung ist buchstäblich unmoralisch, jenseits von Gut und Böse.“[32]

21.

Die Verzeihungsbeziehung ist im Kern asymmetrisch. Zum *Wesen* einer ‚idealen Kommunikationsgemeinschaft‘ (Apel, Habermas) zählt die *symmetrische* Relationalität. Die Erfahrungsdimension der Verzeihung läßt erahnen, daß die Asymmetrie *vorrangig* ist, denn der „Geist der Verzeihung“ ist angesichts der Schwächen und Defekte des Menschen ja die *Voraussetzung* für die (Wieder-)Gewinnung symmetrischer Beziehungen in Freiheit und Würde. Freiheit und Würde bilden sehr wohl das *Ziel* der Verzeihung. Aber der Geist der Verzeihung ist wiederum höherrangig, insofern er *konstitutiv* ist. Eindringlich ist diese konstitutive Kraft bemerkbar, wo würdige humane Beziehungen zwischen Menschen gebildet werden, die *von Natur aus* – sei es durch eine Behinderung, sei es hinsichtlich ihrer Intelligenz – extrem unterschiedlich veranlagt sind; die Aufrechterhaltung und Kultivierung solcher Beziehungen ‚lebt‘ von einer geradezu inkarnierten, will sagen: habituell gewordenen Nachsichtigkeit.[33]

Die extremste Asymmetrie dürfte im ‚lebendigen‘ Verhältnis von Lebenden zu Toten vorliegen. Wenn man einem Menschen vergibt, der längst gestorben ist, so ist ein solcher Akt natürlich unter gesellschaftlichen Bedingungen der Vorteils- und Nachteilsabwägung völlig unnütz und überflüssig. (Etwas anders nimmt sich die Sache aus, wenn man von einem Fortleben der Seele nach dem Tode ausgeht.) Wollte man die Verzeihung strikt an die Vorstellung einer Verbesserung der Einstellungen des Täters oder an die wohltuende Wirkung auf die Gesellschaft binden, so hätte man sie in dieser Deutung einer *utilitaristischen* Betrachtungsweise unterworfen, die zu kurz greift. Eher ist es so, wie es A. Kolnai zu bedenken gegeben hat:[34] daß die Hoffnung, einen wohltuenden Effekt durch den Akt der Verzeihung aus-

32 Ebd., S. 144.

33 Vgl. Vittorio Hösle, *Praktische Philosophie in der modernen Welt*, München 1992. Hösle sieht eine wesentliche Grenze des modernen moralischen Bewußtseins darin, „daß es von asymmetrischen Situationen überfordert ist, mit denen es vielmehr gilt, leben zu lernen“ (S. 82). Hösle führt diesen Befund auf den *Formalismus* der modernen Ethik zurück.

34 Aurel Kolnai, Forgiveness, in: *Proceedings of the Aristotelian Society* 74, London 1973/74, S. 91–106; hier: S. 104.

zulösen, zu der moralischen Dignität der Verzeihung *hinzutritt*; diese Erwartung *unterstützt* sozusagen die moralische Valenz der Verzeihung, so wie die Beobachtung eines negativen Effekts – sei es in der Gesellschaft, wo sich falsche Vorbilder fixieren, sei es auf seiten der tadelnswert agierenden Person – gewiß den moralischen Wert der Verzeihung einschränken, ihn aber keineswegs auf Null reduzieren. Auch hier haben wir nämlich wieder den Gesamtcharakter der Persönlichkeit im Auge zu behalten: je differenzierter und ausgebildeter ihr moralisches Urteilsvermögen ist, desto mehr wird sie geneigt sein, im Falle der Betroffenheit zu vergeben! Wobei es auch wichtig ist zu erwähnen, daß diese Betroffenheit nicht nur aus Vorgängen unmittelbarer eigener Beschädigung erwächst. Im Medium des Mitleids und der Solidarität sind wir auch mit dem Schicksal anderer Zeitgenossen verbunden.

Denkt man über *Verzeihung für Tote* nach, drängt sich noch eine weitere Erwägung auf, die sich auf Haltungen des kollektiven Bewußtseins erstreckt, das sich zwar auch ständig ändert, dem aber nicht immer identifizierbare Einzelentscheidungen zugrunde liegen. So stieß ich bei Kolnai auf den Hinweis,[35] daß wir ja auch im Umgang mit ‚großen' Toten der Geschichte Nachsicht walten lassen, oder auch entschiedene Unnachsichtigkeit – und das hat etwas mit indirekten Wirkungen des Geistes der Verzeihung zu tun. So bringen wir es fertig, trotz aller Charakterdefekte und aller Schuld, die auch er auf sich geladen hat, Friedrich dem Großen Nachsicht und Achtung entgegenzubringen, nicht aber Hitler; oder: Napoleon, nicht aber Napoleon III. Obwohl wir Sünde und Sünder nicht einfach völlig auseinander halten können, *unterscheiden* wir sie doch, und schon das macht eine gewisse Bereitschaft zu einer schwachen Form von Verzeihung frei, die ich hier „Nachsicht" genannt habe und die sich sogar mit einer gewissen Hochachtung verbinden kann.

22.

Die Verdrängung von Verzeihung, als *unerläßlicher* Kraft und Lebensquelle, aus der Philosophie mag auch damit zusammenhängen, daß der philosophisch Aufgeklärte alles auf eine Karte setzt: auf das *willensmäßig* bewußt Hervorgebrachte. Im ‚Geist der Verzeihung' bekundet sich aber eine Verwiesenheit, die sich als Angewiesensein herausstellt: Das endliche

35 Ebd.

Ich könnte keine moralische Forderung erheben, ohne in Heuchelei zu versacken, wenn es nicht insgeheim ‚wüßte', daß sein mögliches Versagen im Geist der Verzeihung aufgehoben werden kann. Diese Zuversicht ist so etwas wie ein *Geschenk*: etwas schlechthin Unverdientes. Das *Entscheidende* im Leben, die *Zuversicht* zu immer wieder möglichem Neuanfang, spiegelt jene Teilhabe am Geist der Verzeihung. Die Einzelakte der *Reue* sind demgegenüber sekundär, wenngleich eine Revision ohne Reue nicht vorstellbar ist. Wenn mich eine Tat oder Unterlassung reut, schwingt schon eine Hoffnung auf heilsame Wiederherstellung meiner Integrität – *restitutio in integrum* – mit. Reue, in der nicht schon der Geist der Verzeihung wirkte, müßte über kurz oder lang in Verzweiflung umschlagen.

23.

Verzeihung steht in keinem Maß-Verhältnis: sie ist maßlos. Auch im postmetaphysischen Stadium des Zeitgeistes gehört sie zu unserem semantischen Haushalt, wenngleich der Verweis auf ein *Subjekt* der Verzeihung sich diskursiv zu verlieren scheint. Wer sich dafür ausspricht, die Dimension der Verzeihung sei als nicht produzierbares ‚Klima' einer humanen Konfliktbewältigung und des Gelingens *intentionaler* Aussöhnungsanstrengungen unerläßlich, der kommt nicht umhin, einer zumindest schwachen Metaphysik das Wort zu reden. *Intellectus quaerens fidem.* Verzeihung verhält sich zur *Intentionalität* der Versöhnung / des Aussöhnens als Mitgift: Wo keine Anstrengungen unternommen werden, Aussöhnung in asymmetrischen Verhältnissen zu erzielen, kann der Geist der Verzeihung sich auch nicht manifestieren; wo er sich *in* endlichen Verhältnissen bekundet, übersteigt er jedoch die *strategischen* Prozesse der Aussöhnung unendlich. In einer Adornos Sprachgestus beerbenden Redeweise möchte ich formulieren: Vernunft wird des schwachen Scheins dieses fernen und doch gegenwärtigen Lichts in jedem ihrer Akte ansichtig, in dem sie sich nicht in der Tretmühle bloß instrumenteller Ratio erschöpft.

24.

Mit Blick auf politische Kräfteverhältnisse und die Erfahrung der Erniedrigung in totalitären Regimen gewinnt das Problem der Verzeihung an Schärfe. Die tiefe Betroffenheit und auch Verunsicherung durch Leid und

Unterdrückung, die verletzend bis in den Kern der Personidentität reicht, hindert oftmals auch die Gutwilligsten daran, jenen Menschen wirklich zu verzeihen, die als Funktionsträger eines verbrecherischen Systems agiert haben und es seinerzeit verstanden, ihr Gewissen zum Schweigen zu bringen. Eine solche Haltung der Opfer ist selbstverständlich nachvollziehbar. Und dennoch weigerten sich Menschen, die zum Beispiel in Lagern Hitlers oder Stalins in ihrer Würde zutiefst gedemütigt wurden, sich dem Haß und der Vergeltungslogik zu verschreiben. (Außerhalb Europas, im Kontext des Kampfes gegen Rassismus, ist Nelson Mandela das leuchtende Beispiel.) Diese Menschen ahnten und ahnen – oder sehen sogar sehr klar –, daß die Opfer Gefahr laufen, mit ihren Folterern auf eine Stufe zu rücken, wenn sie sich vom abgründigen Haß treiben lassen.[36] – *Eine* Weise, die einfach unvorstellbare direkte Versöhnung mit dem Agenten des Unrechts zu vermeiden und doch die Logik des Hasses zu durchbrechen, besteht in der *Wahl eines Umwegs*: die direkte Konfrontation mit den Unterdrückern vermeidend, ist man doch bereit, sie, die Menschenantlitz tragen, als Wesen der einen, allen gemeinsamen *Gattung* anzuerkennen. Der Begriff der *Menschheit*, der, *prospektiv* in politische Strategien einbezogen, im Sozialismus einer Politik der totalitären Gleichschaltung des Individuums zugrunde lag und die Vernichtung des Dissentierenden legitimierte, erhält in der *retrospektiven* Bearbeitung von Schuld und Sühne eine *rettende* Dimension, wenn *Opfer* sich auf ihn beziehen, um auf diese Weise *indirekt* einer *abgeschwächten Form* des Geistes der Verzeihung zu entsprechen.

Diese Unterscheidung von *retrospektiv* und *prospektiv* ist von fundamentaler Bedeutung. In Situationen, in denen die Menschen ihr Handeln *jetzt* ganz auf eine *Idee* ausrichten (wie: *die* Geschichte, *die* Menschheit, *die* klassenlose Gesellschaft), laufen sie Gefahr, den konkreten anderen Menschen aus dem Blick zu verlieren. Vampirhaft stärken sie sich an der Phantasmagorie der *Idee* und werden heldenhaft-unerbittlich, wenn es nötig ist, Menschen für das Erreichen des hohen Zieles zu schädigen oder gar zu opfern. Schließlich sind sie selbst ja auch bereit, sich vorbehaltlos-opferwillig für das abstrakt-allgemeine, aber für substantiell gehaltene Ziel einzusetzen. Warum sollten sie also im Kampf für das Gute nicht auch andere ‚gutwillig' opfern!? Die ‚Logik' solchen Heldentums, das sich gegen alle Infragestellung immunisiert hat, ist gnadenlos. Auch hier stellt der Ab-

36 Eindrücklich sind solche schier unglaublichen Stimmen der Opfer dokumentiert bei Tzvetan Todorov, *Angesichts des Äußersten*, München 1993.

weichler, Skeptiker, Zögerer, Kritiker eine Anfechtung dar, die niedergekämpft werden muß. Denn die Idee – welche es auch sei – bindet hier stärker als der Respekt für das Leben (vor allem: das Leben der anderen). Die Hoffnung auf den ‚verdienten' Nachruhm ist natürlich in solchen Heroismus zumeist eingewoben. Doch auch der *berechtigte* Kampf gegen einen negativen geschichtlichen Zustand verliert seine Rechtfertigung, wo er im Zeichen des erstrebten Zieles *gnadenlos* eine Homogenität der Kämpfenden gegen den *Feind* herbeizwingt, in der alle *Nachsicht* gegenüber den Dissidenten, gegenüber den Kritikern und ‚Bedenkenträgern' in den eigenen Reihen im Haß aufgelöst erscheint. Mithin: die *direkte* Identifizierung mit einem abstrakten Menschheitsziel und dessen monopolartige Verabsolutierung gegenüber den vielen anderen Zielvorstellungen spiegelt ein Denken, das sich vom Geist der Verzeihung abgelöst hat und nun die Erde im Zeichen einer Wahl für das Gute verwüstet. Eine pragmatische Philosophie des Pluralismus hingegen, die den konfligierenden Zielvorstellungen in einer bestimmten Lebenssituation Rechnung trägt und dann vorsichtig-tastend eine Entscheidung sucht, bezeugt nicht nur die Tugend der Toleranz, sondern eine tiefe Teilhabe am lebensförderlichen Geist der Verzeihung.

25.

Wo die Rede von der ‚Gattung', der ‚Idee der Menschheit', durch den Terror so korrumpiert ist, daß auch eine neu-bewertende Versprachlichung dieser Idee mißlingen müßte, bietet sich manchen Menschen die *Gottesidee* als *Umweg* an, um der Logik des Hasses auszuweichen und die Gefahr zu bannen, sich den Unterdrückern anzugleichen. Ein schönes Beispiel für diese Sinnesart ist eine der vielen deutschen Versionen der Marseillaise, die im revolutionären Mainz um 1792/93 kursierte.[37] In ihr dient die Anrufung Gottes dazu, das Ende der Unterdrückung zu beschwören und die Errungenschaften der Französischen Revolution ohne Billigung von Terror und Gegenterror zu bewahren:

> Du, den der Mensch auf tausend Weisen
> und unter tausend Namen preist:
> auch wir, Unendlicher, wir preisen,

---

37 *L'Allemagne et la Révolution française 1789/1989. Une exposition du Goethe-Institut [Marseille] pour le bicentenaire d'un événement de portée universelle*, Stuttgart 1989, S. 268, Nr. 7.

dich, der am liebsten Vater heißt.
Bei jedem Blick, bei jedem Schritte
entdeckt sich deiner Güte Spur.
Vernimm, oh Schöpfer der Natur,
der Franken Lob und ihre Bitten:
    Vom Joch der Tyrannei,
vom Joch der Sklaverei,
O Gott, oh Gott, oh guter Gott,
mach alle Menschen frei.

Du hast dem menschlichen Geschlechte
das Freiheitssiegel aufgeprägt.
Der kränkt dein Bild und diese Rechte,
der Hand an diese Freiheit legt.
Schütz uns vor der Tyrannen Tücke,
die gegen dich verschworen sind,
denn jeder Mensch ist ja dein Kind,
vor dir allein soll er sich bücken!
    Vom Joch der Tyrannei,
vom Joch der Sklaverei,
Oh Gott, oh Gott, oh guter Gott,
mach alle Menschen frei.

In einem Lied Wolf Biermanns findet sich übrigens die gleiche Strategie: Noch hält der Liedermacher an seiner Hoffnung auf einen Ideal-Kommunismus fest, doch die Enttäuschung angesichts des Systems aus Spitzelei, Terror, Korruption und Niedertracht in den kommunistischen Staaten – und insbesondere in der DDR – sitzt inzwischen so tief, daß jeder *menschliche* Versuch, Staat und Gesellschaft *politisch-strategisch* zu reformieren, von vornherein zum Scheitern verurteilt scheint. In dieser schier ausweglosen Situation – ausweglos, wenn man am Ideal eines politischen Wegs zum Ziel der klassenlosen Gesellschaft gegen allen Augenschein festzuhalten gewillt ist – erinnert sich Biermann seiner alten Großmutter, Kommunistin in Hamburg; mit schluchzender Stimme läßt er – natürlich ironisch abgefangen – Oma Meume im Refrain zu Wort kommen, nachdem alle Varianten der kommunistischen Praxis als menschenverachtend entlarvt sind:

„Ach Gott, laß *Du* den Kommunismus siegen …“

Die erwähnten zwei Beispiele einer Berufung auf Gott erscheinen heute wohl eher befremdlich oder ästhetisch verspielt, wenngleich mit Verzweiflung durchsetzt. Ganz anders nimmt sich ja dieser ‚Umweg‘ aus, wenn einer auch im zwanzigsten Jahrhundert *um Gottes willen* die (relative) Gesichertheit seiner kleinen Welt außer acht läßt und es wagt, zum Retter für viele zu werden. Ein solcher nimmt – wie gesagt: um Gottes willen – den Satz „aber ich hatte doch Familie!“ nicht mehr in den Mund, um auf diese Weise die eigene mitleidlose Passivität zu kaschieren. *Hier* ist also der Umweg über „Gott“ eine Weise, sich aus der lethargischen Entscheidungslosigkeit herauszureißen. Aber die *Ambivalenz* dieses Umwegs darf doch auch nicht verschwiegen werden: Wo dieses „um Gottes willen“ nicht den Umweg kennzeichnet zu einem *umfassenderen* Engagement für leidende Menschen, sondern wo dieses Engagement funktional im Dienste der Steigerung der Intensität des eigenen Gottesverhältnisses steht, haben wir es mit der zweifelhaften Figur eines Heiligen zu tun, dem womöglich das kompromißlose Tun des Guten nur *Mittel* ist, um der göttlichen Gunst teilhaftig zu werden, zuweilen mit der Konsequenz der Selbstzerstörung und eines kompromißlosen In-Mitleidenschaft-Ziehens Dritter. Die Liebe zu Gott (oder zu dem Ideal, das verabsolutiert an seine Stelle trat) ist dann stärker als die Liebe zu einzelnen Menschen. Gegenüber solcher Loslösung des Gottesverhältnisses vom kommunikativen Dasein ist ein altes Bild in Erinnerung zu rufen: Die Türen zu Gott und die Türen zu den Menschen sind mit einem Scharnier verbunden – man kann die eine nicht ohne die andere öffnen oder schließen.

26.

Wo Schuld für meßbar – also ‚begrenzt‘ – und damit für ‚handhabbar‘ erachtet wird, läßt sie sich auch ‚abtragen‘. In dieser Abhandlung interessiere ich mich vorrangig für jene *radikale* Schuld, die sich nach allgemeiner Auffassung in ihrer Maßlosigkeit einer Vermessung entzieht.

Angesichts der Entschuldungsbedürftigkeit auch unserer eigenen Geschichte(n) und der Unwiderruflichkeit des Todes der Gekränkten und Erniedrigten drängt sich die Frage auf, wie „Verzeihung“ den *Umgang mit Geschichte* beeinflußt bzw. beeinflussen sollte oder könnte. Es geht um die (Selbst-)Verpflichtung zum Gedenken und um den Kampf gegen das Vergessen. Dabei sei gleich eingangs vermerkt, daß es durchaus auch ein gerechtfertigtes Vergessen gibt; in bestimmter Hinsicht ist sogar „ein Lob des Vergessens" nichts Abwegiges.[38]

Und in der Tat: *Unerbittlich* könnte man jenen unweigerlichen, naturwüchsigen Prozeß des Vergessens nennen, der die Spuren gelebten Lebens, die dem Gedächtnis eingraviert sind, zu nivellieren und zu verwischen droht. Denn auch nach einem schwerwiegenden Schuld-Einbruch geht das geschichtliche Leben schließlich weiter und stellt vor neue Herausforderungen. Werden diese bestanden und stabilisiert sich auf diese Weise das individuelle wie kollektive Ich, so ergibt es sich fast von selbst, daß die einst begangene Schuld mit fortschreitender Zeit immer leichter anmutet – bis sich schließlich die bagatellisierende Einbildung festsetzt, diese so weit zurückliegende Schuld ließe sich gewiß wiedergutmachen. Es ist also eine durchaus ‚widerständige' Entscheidung, auf der *Unwiederherstellbarkeit* zu beharren – gegen alle Verharmlosungstendenzen des *leichten* Vergessens.

Wer angesichts der Not ins Elend Gestoßener gar keine *Hemmung* verspürt, dem/den Täter(n) mit Nachsicht zu begegnen, der hat womöglich nur sehr oberflächlich vom Elend der Opfer Kenntnis genommen. Diese Hemmung verhindert die *Leichtfertigkeit* der Verzeihung und macht bewußt, daß die berechtigten Einwände – auch die nur noch zu unterstellenden Einwände – der Opfer zu achten sind. Das läuft keineswegs auf die These hinaus, der Mensch stehe *total* im Bann der Schuld, die auch seine sonstigen Daseinsvollzüge infiziere. Auf der Unwiederherstellbarkeit des einmal Angerichteten bestehend, ist der Mensch doch für die *souveränen Daseinsäußerungen* (zu denen wie die Liebe das Verzeihen gehört) aufgeschlossen.

Gegen das gleichsam ‚naturwüchsige' Vergessen verwendet Paul Ricœur die paradoxe Formulierung vom *bewahrenden* Vergessen. Das Vergessen ruft, gleichsam platonisch, eine Anstrengung zur Wiedererinnerung hervor. Amnesie und Anamnesis sind miteinander verschränkt. Denn über Erinnern reden wir doch nur vor der Folie eines fortwährenden Verfallens an das Vergessen. Wo diese Erinnerungsarbeit umgangen wird, droht *Wiederholungszwang* (vgl. R 137). Auf jeden Fall muß man sich klarmachen, daß diese gegenläufigen Prozesse nicht voll beherrschbar sind. Wir stoßen auf *pathologische* Konstellationen des Gedächtnisses und des Gedenkens.

---

38 Vgl. Paul Ricœur, *Das Rätsel der Vergangenheit. Erinnern – Vergessen – Verzeihen (Essener Kulturwissenschaftliche Vorträge Band II)*, Göttingen 1998; darin Kapitel IV: Vergessen und Verzeihen, S. 131–156; hier: S. 131. Alle weiteren Zitate und Verweise hier mit der Sigle R direkt im Text.

Gerade das kollektive Gedächtnis von Gruppen und Nationen erscheint als Spielball von Schubkräften, die häufig genug pathologische Phänomene zeitigen (vgl. R 138). Diese pathologischen Sachverhalte sind übrigens nicht einfach zu bekämpfen, sie müssen vielmehr, um bearbeitbar zu sein, überhaupt erst einmal zugestanden werden.

Die Reaktionen auf die Wehrmachtsausstellung dürften noch gegenwärtig sein. Aus wissenschaftlichen Publikationen – auch von Historikern aus Forschungsinstituten der Bundeswehr – wissen wir seit 20 Jahren von der Hilfestellung, die die Wehrmacht der SS bei Mordaktionen gewährt hat, aber die öffentliche Demonstration der Details provozierte bis in die jüngste Zeit die heftigsten Abwehrgesten und Immunisierungsanstrengungen im öffentlichen wie im privaten Bereich. Solches Vergessen, in dem sich das Bemühen niederschlägt, wegzusehen, die Konfrontation mit der Geschichte zu vermeiden, sich z. B. ganz bewußt nicht informieren zu wollen (vgl. R 139), mag ‚eskapistisch' genannt werden.

Freilich ist einzuräumen: Erinnern ist *immer selektiv*. Wer sich an *alles* erinnern wollte oder müßte, bräche unter dieser Last zusammen. „Ein lückenloses Gedächtnis wäre eine unerträgliche Last für das wache Bewußtsein." (R 140) Die Selektivität hängt mit der Struktur des Erzählens, mit der sogenannten „narrativen Kohärenz", zusammen. Umgekehrt gibt diese Selektivität immer auch Anlaß zur Kritik. Doch selbst das *Berechtigte* solcher Kritik kann nichts daran ändern, daß dem Vergessen eine durchaus „wohltätige Funktion" nachgesagt werden darf (vgl. R 144). Keine Historiographie ohne einen „vernünftigen Gebrauch des Vergessens" (R 142). Je geringer der Mut zu dieser Selektivität des *befreienden* Vergessens ist, desto lähmender wird das Verhältnis zur Geschichte. Die Kräfteverhältnisse der jeweiligen Gegenwart bedingen das Urteil über das Vergangene.

Aber hier ist nun wiederum jene schon angedeutete Differenzierung angebracht: Es gibt ein leichtes, präziser sogar: leichtfertiges, weil zu leicht fertiges Vergessen und ein schweres (vgl. R 144). Das schwere Vergessen – das Vergessen, das es sich schwer macht – gibt das schuldhafte *Ereignis* nicht dem Vergessen anheim, sondern: dessen *Bedeutung* für Gegenwart und Zukunft – nämlich: als *lähmende* Schuld – wird gleichsam entmächtigt durch den Vollzug der *Nachsichtigkeit* (die ich als abgeschwächte Ausdrucksform der *Verzeihung* begreife). – Freilich gerät die Darstellung damit in die Täter-Opfer-Dialektik hinein, denn ‚eigentlich' ist natürlich nur das Opfer befugt zu verzeihen. Der Urheber des Unrechts hingegen kann nur um Verzeihung *bitten* – und muß immer mit dem Risiko der Zurückweisung seiner Bitte rechnen. Die Rede vom Verzeihen stößt mithin auf die *Erfahrung des Unverzeihlichen*. Dieses Unverzeihlichen gewärtig zu sein, schützt davor, sich auf pervertierte Formen des Verzeihens, nämlich auf das „leichte Vergessen“, einzulassen. „Wenn das Verzeihen zur Heilung des verletzten Gedächtnisses beitragen soll, muß es durch die Kritik des leichten Vergessens hindurchgegangen sein.“ (R 145) Auf diese Weise könnte sich ein Verzeihen aus Nachsicht herausbilden.[39] Obwohl Verbrechen nicht wiedergutzumachen und als Ereignis auch nicht auszulöschen sind – die klassische *damnatio memoriae* hat vielleicht auch nicht so gut funktioniert, wie es sich die Machthaber in der Antike jeweils vorstellten –, läßt sich doch im *Klima* des Verzeihens die bannende Wirkung, die vom Vergangenen ausgeht, durchbrechen (R 155).[40]

Im Zusammenhang mit *Amnesie* und *Anamnesis* läßt sich eine Anmerkung zum Institut der *Amnestie* nicht umgehen. Man mag zögern, die *Amnestie* in eine zu große Nähe zur *Gnade* zu rücken (vgl. R 205). Amnestie und Verzeihung lassen sich nicht zur Deckung bringen. Sehr wohl jedoch sprechen gute Gründe dafür, die Zerrissenheit der sozialen Gemeinschaft durch das institutionalisierte, gleichsam verordnete Vergessen zu heilen: Nur darf man sich nicht darüber täuschen, daß dies eine eher ‚verzweifelte‘, fast magische Maßnahme ist, für die ein Preis zu zahlen ist: eben die Außerkraftsetzung der Pflicht des Erinnerns. Die Bezugnahme auf dieses (im Grunde aus den Zeiten des Gottesgnadentums stammende) Institut der Amnestie, das dezisionistisch dem Erinnern eine Grenze setzt, gibt mir den Anlaß, als Nächstes etwas näher auf die Frage einzugehen, welche Rolle überhaupt dem Recht und seinen Setzungen in der Gestaltung des Verhältnisses zur schuldbelasteten Vergangenheit zukommt.

27.

Es geht im folgenden also um die Kanalisierung der Erinnerung im Medium des Rechts. Die Variationen der Geschichtswahrnehmung sind unendlich.

---

39 Dieses ist abzuheben vom „Verzeihen aus Selbstgefälligkeit“, das der Kritik verfällt, weil es sich eskapistisch der Pflicht des Erinnerns entzieht, und vom „Verzeihen aus Wohlwollen“, welches das Streben nach Straffreiheit nur unterstützt, indem es sich das *Ringen* um Gerechtigkeit gänzlich zu ersparen trachtet (vgl. R 147).

40 Ricœur bedient sich einer etwas blumigen Wendung: „das Verzeihen verleiht dem, was in der Erinnerungsarbeit und in der Trauerarbeit harte *Arbeit* bleibt, den Geschmack der Gnade“. (R 156)

Eines der Instrumente der auf die jeweilige Zukunft ausgerichteten Festschreibung ist das *Recht*, welches *indirekt* das Gewicht vergangener Verstrickungen bewertet. Die Bearbeitung der Vergangenheit und die Funktionen des Gedächtnisses sind mithin keineswegs unabhängig von der Bearbeitung der Vergangenheit durch die Institution des Rechts. Erinnerung ist immer schon durch *Filter der Institutionen* hindurchgegangen. Die Vorstellung, es könne so etwas wie ein ideologiefreies Gedächtnis geben, ist unhaltbar. Aber natürlich dürfen wir auch nicht von der Annahme ausgehen, das Recht könne die *Wahrheit* des Gedächtnisses artikulieren oder sogar garantieren. Andererseits gilt: Schon die Vorstellung, es gäbe so etwas wie eine Geschichtswahrheit unabhängig von Institutionsrealisierungsprozessen, ist obsolet.

Das Recht reagiert primär auf das Erfordernis, trotz aller Verwerfungen und Verbrechen gesellschaftliche Erwartungen, die auf Gegenwart und Zukunft bezogen sind, zu stabilisieren. Versöhnung mit der Gegenwart und eine *nachträgliche* kohärente Interpretation einer eben vermittels dieser offiziellen Interpretation *erträglichen* Kontinuität mit der Vergangenheit werden auf diese Weise erreicht. Somit bleibt stets eine Differenzerfahrung: Aufgabe einer kritischen Öffentlichkeit kann es sein, an das zu erinnern, was in der Logik des Rechts in Vergessenheit geraten ist, was umgewertet und verdrängt wurde. Dabei sollte man sich darüber im klaren sein, daß das Recht *als Recht* die Komplexität des schuldbelasteten historischen Sachverhalts überhaupt nicht repräsentieren *kann*. Denn das Recht kennt nicht die außerordentliche Singularität des Ereigniskomplexes, es ist primär darauf ausgerichtet, die Vergangenheit mit der Gegenwart auszusöhnen, und es bedient sich eines reduktionistischen Vokabulars – als regelte es die Bewertung eines vergangenen Ereigniskomplexes ein für allemal und für alle Beteiligten.[41]

Festlegungen des Rechts können die Wahrnehmung der Zeit und der kollektiven Erinnerungen mithin stark beeinflussen. Wobei man auch sehen muß, daß das Recht, welches die Zukunft gestalten soll, immer auf einer ganz bestimmten partikularen Interpretation der Erfahrungen einer Gesellschaft beruht. *Unterdrückung* geschah im Laufe der Geschichte *auch* in

---

41 Bei diesen Überlegungen zu „Erinnerung und Recht“ schließe ich mich Emilios Christodoulidis an; vgl. Law's Immemorial, in: *Lethe's Law. Justice, Law and Ethics in Reconciliation*, hrsg. von Emilios Christodoulidis und Scott Veitch, Oxford/Portland Oregon 2001, S. 207–227.

Gesetzesform.[42] Es ist daher durchaus zweifelhaft, ob die Bearbeitung dieser Vergangenheit wiederum durch das Medium des Rechts erfolgen sollte. Festzuhalten ist aber, daß das Recht sehr wohl entscheidende Weichenstellungen vornimmt, die die kollektive Erinnerung des Vergangenen programmieren. So haben sich kollektive Erinnerungen und Erfahrungen im Corpus des Rechts niedergeschlagen – durchaus in der Absicht, Fehlentwicklungen in der Zukunft zu vermeiden. Generell: Institutionen sind selbst ein Teil der kollektiven Erinnerungen und repräsentieren die Erinnerung *funktional* und *organisatorisch* – eben wie das Recht.

Zwischen der Artikulation kollektiver Erinnerungen im Medium der Gesellschaft und den in den Systemen der Politik und des Rechts festgeschriebenen Normen können Diskrepanzen auftreten. Zuweilen gelingt es, Elemente aus diesem vor-politischen Diskurs in den der Politik und des Rechts zu transferieren, nicht selten aber bleibt ein Spannungsverhältnis. Damit aber stellen sich eine ganze Reihe von Fragen: Wessen kollektive Erinnerungen sind eigentlich berechtigt? Was konstituiert kollektive Identität? Wie tief muß man in den Brunnen der Geschichte blicken? Mit anderen Worten: welchen zeitlichen Rahmen ziehen wir in Erwägung? Welchen Traditionen billigen wir Legitimität zu, insofern wir Ihnen erlauben wollen, zur Ableitung gegenwärtiger Ansprüche herangezogen werden zu dürfen? Muß es Kompensationen für Opfer geben? Sind womöglich *Wahrheitskommissionen* besser geeignet als Gerichtshöfe, um die notwendigen gesellschaftlichen Klärungen herbeizuführen?

Allemal sollte man sich vor Augen halten, daß es bei Prozessen, in denen das kollektive Gedächtnis und seine Artikulationen punktuell den Bereich der Politik tangieren, um Macht, um Anteile an der Macht und um Kontrolle der Macht und damit um die Zukunftsausrichtung der Gesellschaft geht; der Verzeihungsdiskurs ist in diesen Kontexten durchaus instrumentalisierbar.[43] Das kollektive Gedächtnis – von Maurice Halbwachs eindringlich bedacht[44] – liegt einerseits dem individuellen Gedächtnis zugrunde, aber es hat eine eigene Dynamik diesseits oder jenseits des individuellen Erinnerns und es

42 Vgl. hierzu Adam Czarnota, Law as Mnemosyne and as Lethe: Quasi-Judical Institutions and Collective Memories, in: *Lethe's Law*, a. a. O., S. 115–128. – Die Überlegungen in den folgenden Abschnitten sind weithin von diesem Aufsatz beeinflußt.

43 Vgl. die Analysen bei Hermann Lübbe, *Ich entschuldige mich. Das neue politische Bußritual*, Berlin 2001.

44 Maurice Halbwachs, *Das Gedächtnis und seine sozialen Bedingungen.* Aus dem Französischen von Lutz Geldsetzer, Frankfurt/M. 1985.

kann sich auch von der Erinnerungsarbeit des Historikers stark unterscheiden.

28.

Die Konstellation von *Verzeihung* und *Wahrheit* in Erinnerungsprozessen ist brisant. Zwischen Wahrheit und Versöhnung besteht offenkundig ein Spannungsverhältnis. Beispiel: alle Versuche, das Leiden der Vertriebenen, die Barbarei ethnischer Säuberungen oder anderer Kriegsverbrechen gegenüber Angehörigen des deutschen Volkes nach dem Ende des Hitler-Reiches zu thematisieren, waren tabuisiert bzw. marginalisiert als höchst-verdächtiger Binnendiskurs der Vertriebenenverbände. Wer sich vorwagte, wurde umgehend als Revanchist abgestempelt, der den verbrecherischen Charakter des Nazi-Regimes relativieren, wenn nicht gar verharmlosen wolle. Mehr als 50 Jahre nach Kriegsende schien die Zeit gekommen zu sein, auch diese Barbarei *angemessen* zu bearbeiten. Es gibt keine aktuellen Interessenlagen mehr, die dieser Bearbeitung, dieser Erinnerungsarbeit, im Wege stehen, zumal Intellektuelle wie Günter Grass, Peter Glotz oder Ralph Giordano dazu Anstöße gegeben haben.

Solange das deutsch-polnische oder deutsch-tschechische Verhältnis ungeklärt und überaus spannungsreich war, hatten die von der Barbarei Betroffenen über ihre Leiden zu schweigen. Im öffentlichen Raum gab es keinen anerkannten Ort für diese Erinnerung. Und das schlug auch auf die intime Kommunikation durch: Ich habe selbst jene Szene mit einer alten Dame erlebt, die erst auf ihrem Totenbett, 98 Jahre alt, zum ersten Mal über ihre Vergewaltigung durch russische Soldaten sprach – und dabei so bitterlich weinte, als sei es ihr gestern widerfahren.

Dieses Beispiel gibt mir den Anlaß, die folgende These zu formulieren: *Erst wenn das im Innern bewahrte – auf diese Weise er-innerte – Leiden sich Ausdruck verschaffen durfte und das Unrecht als Unrecht öffentlich anerkannt ist, kann es existentiell vergessen werden.*

Die kommunikativ geteilte Erinnerung wäre – wenn dies zutrifft – die Voraussetzung des Vergessens und des entlasteten Weiterlebens. Und dies gilt für Täter wie für Opfer, wenngleich auf je unterschiedliche Weise. Solange die Täter, beispielsweise, oder die offizielle Öffentlichkeit das Geschehene verleugnen, verharmlosen oder im Zeichen der zu gestaltenden Zukunft uminterpretieren, kann dieses segensreiche Vergessen auf seiten der Opfer nicht gelingen und müssen die Täter und auch ihre Nachfolger mit der Lüge und der Verdrängung leben – und das bedeutet: weiterhin Gefahr sozialer Pathologien.

Auch ein *vor-eiliger* strategischer Wille zur Versöhnung kann die Erinnerung behindern. Zwischen Wahrheit und Versöhnung besteht mithin eine sehr ambivalente Beziehung. In gewisser Weise muß die Versöhnung, *muß ein Geist der Verzeihung der Wahrheit zuvorkommen*.

Der ständige Versuch, immer neue Details wahrheitsgemäß freizulegen, *kann* ‚zur Unzeit kommen' und durchaus unvereinbar sein mit dem Ziel der Versöhnung. Auf der anderen Seite gilt, daß es eine Versöhnung auf der Basis von Unwahrheiten, Halbwahrheiten und Verdrängungen auch nicht geben kann. Die Anerkennung des Faktums von Unterdrückung und Erniedrigung – ich meine: des jeweilig-historisch *konkreten*! – scheint eine Voraussetzung der Versöhnung zu sein.

Nun läßt sich das Problem auch so wenden: die offizielle Enthüllung und sprachlich eindeutige Anerkennung der Wahrheit *erledigt* auch in gewisser Weise das ‚verbohrte' Interesse an dieser Vergangenheit! Das spannungsvolle Verhältnis zur Vergangenheit verliert dadurch seine Spannkraft. „Die Sache ist ja nun klar", sie wird in die Archive der Historiker eingestellt und diesen zur weiteren Bearbeitung überlassen. – Vielleicht müßte unterhalb der Schwelle des öffentlichen Erinnerns ein verborgenes Erinnern lebendig bleiben, das angesichts der Unermeßlichkeit des Geschehenen den Bezug zu dieser Vergangenheit offenhält und kultiviert.

Nach dem Gesagten ist die Versöhnung nicht das letzte Resultat eines viele Etappen umfassenden Weges, sondern sie ist die *Voraussetzung* für den Prozeß einer wahrhaftigen Erinnerung. Die wahrhaftige Erinnerung verifiziert gleichsam den Vor-Sprung des Aussöhnungsinteresses, das, vorläufig, ein Verschweigen der Schuld in Kauf nahm. (Wobei es genauer sich ja zumeist so verhält, daß die schuld-beladene Geschichte gar nicht total verschwiegen, sondern vielmehr nur in *pauschaler* Art und Weise präsent gehalten wurde.) – Diese Betrachtungsweise mag als provozierend empfunden werden: Zuerst, so insistiere ich, muß eine Bereitschaft zur Verzeihung sich glaubwürdig abzeichnen; sie bildet den Rahmen für die Wahrheitsfindung. Der Gerechtigkeitsdiskurs ist dazu nicht in der Lage.

29.

Und ich spitze noch weiter zu: Nur wenn *Tätern* der Eindruck vermittelt wird, daß ihre Würde als menschliche Wesen nicht mehr grundsätzlich in Frage gestellt wird, werden sie fähig, sich ihrer eigenen Geschichte zu stellen und sie nicht länger zu verdrängen. Beispiel: Die ehemalige Nazi-Funktionärin M. Maschmann[45] berichtet von sich: „Die verzeihende Liebe, die mir begegnet war, schenkte mir die Kraft, unsere und meine Schuld anzunehmen. Erst jetzt hörte ich auf, Nationalsozialist zu sein.“ – Solche Prozesse, sich ehrlich den Abgründen der eigenen Geschichte zu stellen, sind nur möglich, wenn man von seiten der sozialen ‚Umwelt‘ den *Glauben* aufrechterhält, daß der Schuldiggewordene nicht durch seine Unrechtstat definiert, in der Totalität seiner Person fixiert ist.[46]

In gewisser Weise *benötigen* die Täter für solche Klärungsprozesse die Opfer. Aus Selbstinteresse. Aber es liegt auch im Interesse der Opfer, daß dieser Klärungsprozeß stattfindet, denn nur so können auch *sie* mit ihrer schlimmen Vergangenheit fertig werden. Das Ungeheure dieser Vorgänge läßt sich auch so zuspitzen: *Jene, die Opfer von Unterdrückung und Erniedrigung geworden sind, ringen sich dazu durch, die Täter als Menschen „wie du und ich“ anzuerkennen, anders gewandt: sie qualifizieren in ihrem eigenen Herzen, in ihrem eigenen Sinn, das fürchterlich Böse, das geschehen ist, das ihnen angetan wurde, in diesem Prozeß der Versöhnung als ein ‚gewöhnliches‘ Böses und entziehen es so einer metaphysischen Aufladung im Kontext einer Idee von ewiger Schuld.*

Das einzelne Opfer, das einzelne zum Opfer gemachte Individuum, möchte der *Stigmatisierung* als Opfer, die es doch in einen permanenten Ausnahmezustand zu versetzen scheint, entkommen und endlich Normalität erreichen. Für dieses Bedürfnis beispielhaft sind jene Zeugen der Opfergeschichte wie Eva Mozes Kor, die in der Verzeihung gegenüber den Tätern oder zumindest gegenüber deren Nachkommen eine Kommunikationsebene

45 M. Maschmann, *Fazit. Kein Rechtfertigungsversuch*. Mit einem Vorwort von J.F. Görres, Stuttgart 1963, S. 213.

46 Vgl. hierzu Traugott Koch, Strafe und Schuld im Horizont von Reue und Vergebung, in: *Strafe muss sein! Muss Strafe sein?*, a.a.O., S. 69–80, hier vor allem: S. 77. – Es gibt eine Form der Reue, die Kierkegaard für „dialektisch zweideutig“ hielt, weil sie sich handlungsblockierend und innovationshemmend auswirkt. Vgl. Søren Kierkegaard, Der Begriff Angst, 4. Kap., § 1, in: ders., *Gesammelte Werke*, 11. u. 12. Abt., Düsseldorf 1952, S. 121.

wieder zu erreichen suchten, in der die Asymmetrien der Täter-Opfer-Konstellation überwunden wären.

Eine nicht gelinde Aufregung hat Frau Mozes Kor ausgelöst. Sie war als Kind Opfer der medizinischen Experimente im Konzentrationslager Auschwitz (Zwillingsforschung). Der berüchtigte Arzt Josef Mengele hatte diese Experimente in Verbindung mit dem Direktor des Berliner Kaiser-Wilhelm-Instituts für Anthropologie, menschliche Erblehre und Eugenik durchgeführt. Ungefähr 1500 Zwillingspärchen wurden den tödlichen Experimenten unterworfen; nach Schätzungen überlebten weniger als 200 Menschen diese wissenschaftlich abgestützte Barbarei.

In wiederholten Stellungnahmen hat nun Frau Mozes Kor ihre Bereitschaft bekundet, zu vergeben was ihr angetan wurde.[47] Unter anderem reagierte sie in diesem Sinne auch auf eine Rede des Präsidenten der Max-Planck-Gesellschaft, der die Opfer jener Experimente, sofern sie noch leben, um Verzeihung gebeten hatte für das, was Wissenschaftler ihnen skrupellos angetan hatten. Eva Mozes Kor hat, getreu ihrer in einem mühsamen Prozeß der Durcharbeitung der Opferrolle erreichten Einstellung des Verzeihen-Könnens, in diesem Geist auf die Rede des Präsidenten der Max-Planck-Gesellschaft reagiert.

Ein Interview mit ihr in der *Frankfurter Rundschau*, in dem sie eigentlich keine neuen Erkenntnisse ausgebreitet hatte, führte zu einer lebhaften Debatte, in der sich auch jüdische Intellektuelle zu Wort meldeten. Obwohl Frau Mozes Kor nur für sich sprach und keinerlei Stellvertrettungsattitüde an den Tag legte, wurde zumindest der Eindruck erweckt, von diesem Beispiel könne eine Art geistiger Zwang ausgehen auf jene Opfer, die ganz entschieden nicht bereit seien, heute oder morgen zu vergeben. Zweifelsfrei kann von einem guten Beispiel eine gewisse Sogkraft ausgehen. Aber es ist wohl abwegig zu unterstellen, irgend jemand werde einem bis in den Grund seiner Existenz erniedrigten Opfer den Respekt versagen, wenn dieses sich strikt weigert, den Tätern zu vergeben. Erwähnenswert aus jener aufgeregten Debatte erscheint mir aber die Behauptung, die von Natan Sznaider vertreten wurde,[48] es sei das *Normale*, von Opfern zu erwarten, „daß sie auf ihrem Recht auf Unversöhnlichkeit beharren“. Anders formuliert: „die Opfer wollen ihr Recht auf Unversöhnlichkeit bewahren.“ Und Sznaider

47 Vgl. ihren Artikel „Heilung von Auschwitz“, in: *Universitas* Nr. 665, 56 (2001), S. 1100–1114.

48 Natan Sznaider, Grenzen der Vergebung, in: *Frankfurter Rundschau* vom 30.6.2003.

zögert nicht, es als *Aufgabe* anzusehen, nicht zu vergeben. Sznaider insistiert darauf, daß „dem Vergeben im Kontext des Holocaust Grenzen gesetzt sind". Offensichtlich erspürt er, daß von einer einzigen Persönlichkeit, die glaubwürdig den Geist der Verzeihung verkörpert, auf das Klima in einer Gesellschaft erhebliche Wirkungen ausgehen können. Alte Mechanismen und Konfrontationen werden gleichsam ausgehakt. Und das erzeugt Unbehagen. Dieses Unbehagen drückt sich in dem Bemühen aus, *Grenzen der Vergebung* zu ziehen. Vor allem müsse „im politischen Raum" alles beim alten bleiben. „Im politischen Raum müssen die unüberbrückbaren Differenzen von Gruppen mit ausgesprochen verschiedenen Erfahrungen historischen Unrechts in gemeinsame und riskante Verhandlungen dieser Geschichte gebracht werden. Das muß nicht zwangsläufig zu einem gemeinsamen Narrativ der ehemaligen Opfer und Täter führen. Es muß nicht zu einem gemeinsamen ‚Wir' führen, sondern zur Erkenntnis, daß Politik unversöhnliche Pluralität voraussetzen und sogar verursachen kann." Und so dekretiert denn auch Sznaider: „Vergebung oder Vergebungsverweigerung [...] haben nichts mit politischer Versöhnung zu tun."

Die Antwort von Micha Brumlik und Lena Inowlocki[49] soll hier auch nicht unerwähnt bleiben. Aus dem Text der beiden Verfasser spricht die Sorge, „die grundlegende Differenz zwischen individuellen Bewältigungstechniken und historisch-moralischen Erkenntnissen bezüglich des Leidens der Überlebenden" könnte verschüttet werden. Sie sehen also in der Vorgehensweise von Frau Mozes Kor nur das Beispiel „einer beliebigen Bewältigungstechnik" und warnen deshalb davor, „daß eine technokratische Indienstnahme dieser existentiellen Möglichkeit der Vergebung die Grundlagen humanen Zusammenlebens untergräbt."

Es gibt unübersehbar hypermoralische Rechthaberei im öffentlichen Diskurs. Wenn Rechthaberei in Folge der Einsicht in eigene Schuldbelastetheit praktisch aufgehoben wird, und die – auch: kollektiven – Subjekte sich *wechselseitig* als Schulderfahrene anerkennen, eröffnet sich vielleicht erst der Raum einer Kommunikation, in der fundamentale Entfremdungen überwunden werden können: Da wird dann die Erfahrung von Ent-fremdung gemacht. Die Asymmetrien in faktischer Schuldbeladenheit bleiben zu konstatieren, aber in der pauschalen Gegenseitigkeit des „Wir machen es nicht mehr zum Vorwurf" werden sie lebensweltlich ‚aufgehoben': Der kommunikative Geist einer durch diverse Abschattungen der Verzeihung

---

49 Die grundlegende Bedeutung der Vergebung, in: *Frankfurter Rundschau* vom 23.6.2003.

hindurchgegangenen Anerkennung *verrechnet* Schuld nicht mehr, fragt nicht einmal mehr, ob der andere denn der Verzeihung überhaupt ‚würdig' ist, und macht das Selbst gleichsam unfähig, weiter vorzurechnen, obwohl die Verbrechen der Geschichte weiter bleiben, was sie sind. Und auch irgendwelche *expliziten* Artikulationen der Verzeihung, Gesten und Andeutungen, dürfen im Zeichen der *Normalisierung* vergessen werden. Derrida würde sagen: diese Manifestationen eines extra-ordinären Zuspruchs sind vielleicht als *Spuren* in der Normalität der Verhältnisse, als indirekte Verweise auf einen *esprit du pardon*, erahnbar – jedes Mehr an Eindeutigkeit wäre eher von Übel. Es ist stets so: Was zufallsbedingt *erscheint*, wird im konstruierenden Erzählvorgang tendenziell eingeebnet in die Rekonstruktion des allgemeinen Geschichtsverlaufs. Der Geist der Verzeihung wirkt vor-bewußt, als ‚Initialzündung', über die man sich im Augenblick des Vollzuges überhaupt nicht Rechenschaft zu geben vermag. Sobald dann ein Raum geschaffen ist, in dem sich Opfer und Verbrecher begegnen, miteinander sprechen und eine Verständigung suchen, ist bereits eine Szene der Versöhnung zumindest eröffnet, auf der das *geläufige* Verzeihen stattfinden kann. Und hier kommen dann natürlich auch sofort Zweck-Bindungen des Kommunikationsvorgangs unbewußt oder bewußt zur Geltung, ja – nicht selten – zur Sprache. Es ist dann die Aufgabe, diese Verzweckungen – ohne sie in hypermoralischer Haltung abzuqualifizieren – in ihrem aporetischen Charakter freizulegen und zu verdeutlichen. (So pragmatisch jedenfalls verstehe *ich* die Denkanstöße J. Derridas.)

Gegenüber Befürchtungen, es drohe ein gewissenloser Revisionismus des Verhältnisses zur Geschichte, sei noch einmal festgehalten: Das fürchterliche Böse muß kompromißlos und ohne jede Tendenz zur Verharmlosung *benannt* werden. Denn durch die narrativen Vorgänge der Benennung des Unrechts versuchen die Opfer, ihre Würde wieder zu erlangen, ihre Entwürdigung aufzuheben. Versöhnung wäre allerdings in diesem Prozeß sofort wieder in Frage gestellt, wenn nun die Opfer sich als die schlechthin ‚Guten' stilisierten. (In Südafrika legte man deshalb Wert darauf, die Verbrechen *beider* Seiten zu benennen – trotz der offenkundigen historischen Asymmetrie!)

Was man sich illusionslos klarmachen muß: dieser Vorgang der Wiederherstellung der Beziehung im Modus einer gesellschaftlich kultivierten Nachsicht und einer seitens der Opfer – eventuell – gewährten Verzeihung ist schlechthin *ungesichert*. Niemand kann *sicherstellen*, daß dieser – von der naturwüchsigen Reaktionsweise aus gesehen: – irrationale *Vertrauens-*

vorschuß wirklich den Effekt haben wird, die sozialen Beziehungen zu heilen und zu regenerieren. So unvorhersehbar das Ereignis der Verzeihung ist, so unvorhersehbar ist es, ob es wirklich zur Versöhnung führt.[50]

30.

Wollte man *fordern*, jeder Mensch müsse angesichts des unermeßlichen Leidens in der Welt ‚sich verantwortlich fühlen', gleichsam in ständiger Beunruhigung sich dieses Leid gegenwärtig halten und sich der Freude am Leben und der kleinen und größeren Erfahrungen des Glücks schämen, so müßte man sich wohl eine an illusionären moralischen Standards ausgerichtete Fehleinschätzung der *conditio humana* vorhalten lassen. Aber daß die Menschen, tagtäglich über das Fernsehen mit der Eskalation des Grauens konfrontiert, sich fast schon gelangweilt abwenden, weil die Dimensionen des Unglücks alle Problemlösungsphantasien überfordern, könnte man allerdings als Kapitulation unserer moralischen Kompetenz auffassen. – Wieder bringt sich, als geheime Mitte, die Präsenz des Geistes der Verzeihung ins Spiel, der den moralischen Überdruck löst und doch, als Stachel im Fleisch, die *Erinnerung* an das Elend der Vielen und an einen unterschwelligen Schuldzusammenhang wachhält. Im Geist der Verzeihung ist die Daseinsfreude aufgehoben – bis hin zur okkasionellen Erfahrung von Feier, Fest und Exzeß. Das gilt, *sofern*, korrelativ, eine Spur der Wehmut die luxurierende Dimension des Daseins durchzieht: die Erinnerung an die Rückseite der Medaille, auch: an das Parasitäre der ressourcen-verschwendenden okzidentalen Existenzform. Der Geist der Verzeihung hält beides zusammen *und auseinander*: die Absorption im kleinen und großen Glück des Lebens-im-Jetzt – und die Konfrontation mit der Einsicht, daß Momente der Erfüllung, des ‚besinnungslosen' Glücks, ebenso wie viele Formen der alltäglichen Lebensführung in dieser Zivilisation zu einem Gutteil auf Kosten anonym bleibender anderer gehen, deren Ansprüche auf ein Mindestmaß an Lebensqualität vorerst (oder für immer) unerfüllt bleiben. Es

50 In diese Gedankengänge zu „Wahrheit und Erinnerung" habe ich dankbar viele Anregungen aus einem Aufsatz von Bert van Roermond aufgenommen: Rubbing Off and Rubbing On: The Grammar of Reconciliation, in: *Lethe's Law*, a. a. O., S. 175–190. – Wie fragil diese Prozesse *zwischen Nationen* sind, wie stark bedroht vom Rückfall in alte Ressentiments, auch wenn reale Bedrohungskulissen fehlen, läßt sich an der schier irrationalen Verschlechterung des deutsch-polnischen Verhältnisses im Jahr 2006 ablesen.

scheint, daß ein gewisses Maß an ‚Ausblendung' für eine ‚normale' Lebensführung unerläßlich ist. Aber dies verdeutlicht erst recht, daß wir für die Ausblendung der umfassenderen Sicht auf Verzeihung angewiesen sind; wir nehmen den Geist der Verzeihung *schon immer* in Anspruch, sofern wir nur jenen Zwiespalt in unserer Existenz einräumen.

31.

Eine der grandiosesten Strategien, die das christliche Abendland auf dem spekulativen Gebiet von Theologie und Philosophie zum Zweck der verharmlosenden Selbst-Entschuldung ersonnen hat, ist das Theorem von der *Schuld als felix culpa*. Augustinus beispielsweise betont, daß ja nur infolge des Sündenfalls Gott Mensch geworden sei, um uns zu erlösen. Insofern hat doch die ursprüngliche Schuld zu dem Großartigsten gedient, wessen Menschen sich glücklich schätzen dürfen: Gott wird Mensch, macht sich ihnen gleich. – Hegel hat natürlich ganz andere Bewertungen vorgenommen. Für ihn war die ursprüngliche Sünde, sich das göttliche Wissen – was gut, was böse sei – anzumaßen, geradezu die Entbindung des Geistwerdungsprozesses des Menschen! In *diesem* Sinne weiß auch er sich in die Tradition der Felix-Culpa-Deutung der Schuld eingebunden, die durchaus nuancenreich der Selbst-Entschuldung das Wort redet.

32.

Theorien und (durchaus rationale) *Versatzstücke* aus bestimmten Theorien eignen sich in einer Situation allgemeiner normativer Verunsicherung bestens als Alibi-‚Gründe', um sich selbst zu entschuldigen, wenn man sich überfordert fühlt und hinter jenen Erwartungen zurückbleibt, die vom eigenen ‚besseren' Ich an das empirische Ich gerichtet werden. „Politiker etwa, die sich nicht für ein Tempolimit auf Autobahnen und für ein Steuersystem einsetzen möchten, das schadstoffarme Kleinwagen begünstigt, werden zunächst einmal geltend machen, der Einfluß der Autoabgase aufs Waldsterben sei ungeklärt, wie der Expertenstreit zeige. Danach werden sie sagen, ein nationaler Alleingang nütze nichts, da die Nachbarländer nicht mitziehen, und auch im eigenen Land würde ihr autofeindliches Handeln nur dazu führen, daß sie abgewählt und durch weniger skrupulöse Akteure ersetzt würden. Zudem sei es nicht ausgemacht, daß die Reduzierung des Waldbestands tatsächlich schlimmer wäre als ein Zusammenbruch der heimischen Autoindustrie mit unabsehbaren politischen Risiken. Der BMW-Fahrer wiederum, der mit Vollgas durch den Bayerischen Wald rast, wird ebenfalls auf den Expertenstreit abstellen, der Industrie und den Kohlekraftwerken die Hauptschuld geben und sich darauf berufen, daß sein partikularer Autoverzicht generell ohnehin nichts bewirkt. Und die Beschäftigten in der Atomindustrie, Großchemie oder Genforschung werden sich, sollten sie Skrupel befallen, ebenfalls damit beruhigen, daß sie nur ein kleines, ersetzbares Rädchen sind, daß der Fortschritt nicht aufzuhalten, die Menschheit aber noch immer erfinderisch genug gewesen ist, um selbstgeschaffene Risiken in den Griff zu bekommen – Risiken schließlich, deren Übergewicht über die Chancen nicht als erwiesen gelten kann."[51] – Ich halte die Annahme für gut begründet, daß die Faszination systemtheoretischer Beschreibungsmodelle, in denen die Rolle der Eingriffsmöglichkeiten des einzelnen Subjekts marginalisiert wird, nicht zuletzt auf jenes Bedürfnis zurückzuführen ist, sich für die Gleichgültigkeit, mit der man normativen Herausforderungen ausweicht, zu entschuldigen. Man entzieht sich der ungeheuren Komplexität des Realitätsdrucks durch eine Flucht in die theoretisch abgesicherte Unverantwortlichkeit.

Die anhaltende Debatte mit Hirnforschern, die u.a. auch suggerieren, Dank ihrer Ergebnisse sei der Schuld-Begriff obsolet geworden, ließe sich hier ebenfalls in eine kritische Überprüfung einbeziehen. Die durch die Hirnforschung ausgelöste Determinismus-Debatte und die Faszination, die diese ‚Hirnmythologie' auf bestimmte Kreise ausübt, gibt zu der Vermutung Anlaß, daß auch hier metatheoretische Betrachtungsweisen sinnvollerweise zu Rate gezogen werden sollten. Die Rezeption der Theorie verrät etwas über den jeweiligen Stand verantwortlicher und verantwortungsflüchtiger Subjektivität.

Waren wir bis vor kurzem genetisch programmiert, so sind wir nunmehr neuronal bestimmt. Allemal versichert man dem gutwilligen Leser: freier Wille – eine Illusion. Das Gehirn setzt unsere Entschlüsse in Gang, bevor wir vermeintlich selbst getroffene Entscheidungen überhaupt bewußt denken können.

---

51 Ich entnehme diese trefflich zusammenfassende Schilderung dem Vortrag von Gottfried Seebaß, Kollektive Verantwortung, in: *Neue Realitäten. Herausforderung der Philosophie. XVI. Deutscher Kongreß für Philosophie*, 2 Bde., Berlin 1993, Bd. I, S. 17–24; hier: S. 18.

Deterministische Thesen verschiedener Herkunft befinden sich regelrecht in einem Konkurrenzkampf. Die Philosophin Petra Gehring vermerkt zu Recht sarkastisch, daß, wenn ein neuer Determinismus auftaucht, bemerkenswert wenig über sein Verhältnis zu den vorherigen, ganz anders gelagerten Determinationsthesen zu hören ist. Und sie fährt fort: „Auch werden gerade die spektakulären Szenarien selten zurückgenommen oder ‚widerlegt' – sehr ernst scheint die Wissenschaft selbst sie nicht zu nehmen. Die Behauptungen altern eher und verblassen. Irgendwann werden sie belächelt". Man kann sich – mit Petra Gehring – fragen, ob die Vorstellung eines durch naturwissenschaftlich erschlossene Kausalgesetze regierten Universums vielleicht deshalb als so attraktiv empfunden wird, weil sie ein gewisses Trostpotential in sich birgt. Eine solche Sicht entlastet von Verantwortung! „Unter den als unfrei Entlarvten kann man sich selbst immerhin zu denen mit Durchblick, zu den Entdeckern und Verkündern einer These zählen."[52]

33.

Auf das Verhältnis zu Kindern bezieht sich eine Beobachtung, die jeder Lehrerin, jedem Lehrer vertraut ist: Zwischen zwei Knaben ist ein erbitterter Zank ausgebrochen; jede Beleidigung oder Schädigung provoziert den nächsten, heftigeren Gegenschlag. Die Lehrerin greift ein, zieht die Knaben beiseite und nötigt die beiden, sich in die Augen zu schauen und sich zum Zeichen der Versöhnung die Hände zu reichen. Widerstrebend nur willigen die Streithähne ein. Und doch pflegt in der Regel damit der Kreislauf der Rache gebrochen zu sein. Ausschlaggebend dafür ist gewiß nicht allein die Protektionsinstanz ‚Lehrerin'. Vielmehr ist es, als eignete den *Gesten* der Versöhnung eine eigene magische Absorptionskraft, die die aufgeladen-aggressive Anspannung der Streitenden entlädt.

Das Beispiel übrigens ist hinsichtlich der Schulkinder wohl am plausibelsten, weil in ihm die den Friedensschluß veranlassende herbeinötigende und schließlich auch ein Stück weit garantierende Instanz so leicht vorauszusetzen ist. Aber es ist beileibe nicht auf die Sphäre der Unmündigen zu beschränken. Jeder Fußballer oder Zuschauer von Fußballspielen kennt den Vorgang: Ein Spieler hat den anderen gefoult; er wurde dafür mit einer

52 Petra Gehring, Vergeßt den freien Willen. Über den eigentümlichen Reiz deterministischer Thesen, in: *Le Monde diplomatique* / Mai 2005.

gelben Karte abgemahnt; aber um der Eskalation, die sich in Revanchefouls äußern könnte, vorzubeugen, nötigt der Schiedsrichter den Übeltäter und den gefoulten Spieler, sich die Hände zu geben. Das geschieht wahrlich zumeist sehr flüchtig, auf seiten des Verletzten womöglich widerwillig, doch es hat dennoch seinen pazifizierenden Effekt. Die keineswegs ganz freiwillig herbeigeführte Geste, die die Bitte um Entschuldigung und die Bereitschaft zur Verzeihung dokumentiert, hält während des weiteren Spielabschnitts doch *zumeist* das, was sich in ihr bekundet.

Das dritte Beispiel stammt aus dem Bereich der Politik, in der unter den zahlreichen magischen Gesten auch die einer – durchaus nicht ‚leichten Herzens‘ erfolgenden – Versöhnung ihren Platz hat. Viele Leser werden wohl am Fernsehschirm den spektakulären Handschlag zwischen Arafat und Rabin gesehen haben, mit dem trotz der sauren Miene des israelischen Premierministers ein neues Kapitel in den Beziehungen zwischen Arabern und Israelis eröffnet werden sollte. Nicht aus ‚irgendeiner‘ Friedensemotion heraus, sondern gesättigt von bitteren Erfahrungen und angetrieben von Staatsraison wurde hier die eskalierende Freund-Feind-Dynamik hoffnungsvoll *unterbrochen* – mit dem amerikanischen Präsidenten als Schiedsrichter. Worte lassen sich zurücknehmen, Verträge lassen sich unterlaufen, aber die symbolische Wirklichkeit der magischen Gesten hat ein ganz eigenes Gewicht, das dazu beitragen kann, Eindrücke im kollektiven Bewußtsein zu erzielen, die sich nicht leicht vergessen lassen. (In unserem Kulturkreis hatte der Kniefall Bundeskanzler Brandts in Warschau eine ähnliche symbolische Schwerkraft.) Nur: *sicher* ist hier gar nichts, wie das Schicksal Rabins und die immer wieder aufflammende Gewalt im Nahen Osten belegt. Die *vorläufige* Manifestation eines Geistes der Verzeihung kann lebensgefährlich sein.

Vittorio Hösle merkt einmal an: „Die Bereitschaft, auf den anderen zuzugehen, ihm einen Vertrauensvorschuß zu geben, kann manchmal kontraproduktiv sein; doch ohne sie hätte es moralische Durchbrüche in der Weltgeschichte nie gegeben.“[53] Sind Akte solchen Vertrauensvorschusses schlechthin dezisionistisch? Doch wohl nicht! Sie sind nur ‚plausibel‘, wenn ich handle „im Vertrauen auf …“ Auf was?! Auf den „Lauf der Welt“? Die ach-so-gute Menschheit? Die Dankbarkeit der Adressaten? Mir scheint: Da ich ja keineswegs handle in absoluter *Gewißheit*, das Richtige zu tun, kann es sich nur um ein Vertrauen auf *Nachsicht* mit mir, als einem Akteur mit

53 Vittorio Hösle, *Praktische Philosophie in der modernen Welt*, a.a.O., S. 85.

begrenzter Reichweite des Wissens und der Urteilskraft, handeln – eine letzte metaphysische Perspektive *des* Geistes, der ,trägt', und der wir *insofern* sind! (Von dieser Pointe aus ließe sich die Brücke zu Hegels *Phänomenologie des Geistes* schlagen; in diesem klassischen Werk des Deutschen Idealismus hat das Bemühen um eine Philosophie der Verzeihung stärksten Anhalt.)[54]

Angesichts der *Unberechenbarkeit* und *Offenheit* der Wirkungen von Verzeihung – positiv oder negativ – wird man (mit Kolnai)[55] beides feststellen müssen: Wer verzeiht, steht immer auch in Gefahr, Selbsttäuschungen zu unterliegen. Und: Vorgänge der Verzeihung lassen sich gegen von außen vorgebrachte Zweifel an der Authentizität des Willens der Beteiligten nie hinreichend eindeutig argumentativ rechtfertigen. Geht es doch in der Verzeihung um ein ,vorlaufendes' Verhalten, dessen Risiken durch keine Vorkehrung zu verhindern sind. Die Verzeihung bietet Vertrauen an und *schafft* dadurch *vielleicht* erst die Basis der Vertrauens*würdigkeit* auf seiten des Empfängers. Wenn dieser Vertrauensvorschuß in weiser Überlegung gewährt wird, ist es natürlich besser, als wenn unbedacht agiert wird. Aber es wird sich wohl kaum jemand anheischig machen, einen Menschen, der authentisch Verzeihung bekundet hat, wirklich als moralisch anfechtbar zu kritisieren.[56]

34.

Wer sich selbst *entpersonalisiert*, indem er sich, zur Entschuldigung, darauf beruft, nur ein bedeutungsloses Rädchen in der Staatsmaschinerie gewesen zu sein, untergräbt die Möglichkeit der Verzeihung, denn er verzichtet, um sich der Schuld erst gar nicht zu stellen, auf die eigene Würde, die in der Wahlmöglichkeit zwischen Gut und Böse zum Ausdruck kommt. Jeder verblendete Terrorist, der sich zum Feind eines demokratischen Rechtsstaates selbst deklariert, weil er in ihm eine menschenfeindliche Politik verwirklicht sieht, kommt eher als Adressat der Verzeihung in Betracht als

---

54 Vgl. K.-M. Kodalle, Verzeihung. Hegels Denkanstoß. Wider die Verdrängung eines zentralen philosophischen Themas, in: *Hegel-Jahrbuch 2002 „Phänomenologie des Geistes"*, 2. Teil, Berlin 2002, S. 88–99.

55 Aurel Kolnai, Forgiveness, a.a.O.

56 Zum heiklen Problem der ,Notwendigkeit' der Selbst-Vergebung und der darin waltenden Gefahren vgl. ebd., S. 106.

jener Funktionär, der es auch *nach* der Katastrophe als sein Lebensprogramm bekräftigt, im Zeichen eines angeblich *allgemeinen* Guten auf die *individuelle* Urteilskraft und den *individuellen* nonkonformen Willensentschluß verzichtet zu haben.[57] Wobei noch zu erwägen sein wird, inwiefern ein *vorlaufendes* Verzeihen – die höchste und schwierigste Manifestation des Geistes der Verzeihung – überhaupt erst einen ‚Raum' eröffnet, in dem es einem Schuldbelasteten möglich wird, sich den Abgründen des eigenen Selbst zu stellen und die eigene Schuld anzuerkennen – und gegebenenfalls zu bereuen.

Keineswegs ist eine Betrachtungsweise, die ‚Determiniertheit' unterstellt, grundsätzlich der Humanität abträglich. In *direkter* Kommunikation allerdings dürfen wir uns keine Ausnahme von der Regel erlauben, den anderen als handelnd-aus-Freiheit anzusehen. Und erst recht im Selbstverhältnis, also in der Rechtfertigung des eigenen Tuns oder Unterlassens, käme die Berufung auf Determiniertheitsgründe einer Flucht aus der Verantwortung gleich. Doch in der anonymisierten Betrachtungsweise, in der wir über das Verhalten von Gruppen, generell: von ganzen Populationen, urteilen, erweist es sich durchaus als rational (und empirisch überprüfbar!), eine *funktionale* Betrachtungsweise in Anwendung zu bringen,

57 Angesichts dieser zuspitzenden Behauptung wäre allerdings einem *theologischen* Gesprächspartner gegenüber einzuräumen, daß der Mensch sich ja davor zu hüten hat, über *Gottes* Gnadenzuwendung befinden zu wollen. Insofern wäre ein letzter Vorbehalt zuzugeben: Nicht gänzlich ist auszuschließen, daß auch einem „Rädchen" im Getriebe staatlicher Mordmaschinerie (als solches sah sich zum Beispiel Eichmann) noch *von Gott* verziehen werden könnte. Indessen drängen sich hier zwei weitere Anmerkungen auf. Erstens habe ich mir in dieser Abhandlung zum Ziel gesetzt, den Geist der Verzeihung als eine Größe in menschlichen kommunikativen Verhältnissen zur Geltung zu bringen, *ohne* starke theologische Annahmen. Und zweitens wäre zu bedenken: Selbst wenn man im Rahmen eines solchen *philosophischen* Unterfangens in ‚schwacher' vorsichtiger Form religiöse Perspektiven einbezöge, müßte das Verhältnis moralischer Selbstbestimmung und göttlicher Mitwirkung auch dann, wenn von Deckungsgleichheit keine Rede sein kann, zumindest *kohärent* sein. Um es ganz konkret zu verdeutlichen: Wenn die Selbsterniedrigung in Form von Kadavergehorsam als *schlechthin unverzeihlich* gilt, ist ein Gott obsolet-anachronistisch, der den Abraham in eine absurde Gehorsamstat nötigt, um dessen Glauben in seiner ganzen Unbedingtheit auf die Probe zu stellen bzw. zu erweisen. In einer autoritären, paternalistischen Kultur erschließt sich in dieser Geschichte sehr wohl ein Sinn, nicht aber in einer, die durch die Aufklärung hindurchgegangen ist und die deren Errungenschaften – trotz aller *Dialektik* der Aufklärung – nicht preiszugeben gewillt ist. – Wie mühsam sich dieser Denkweg, als Verabschiedung autoritärer theologischer Denkmuster, für einen bedeutenden Theologen des zwanzigsten Jahrhunderts gestaltete, habe ich am Beispiel Dietrich Bonhoeffer herausgearbeitet. Vgl. K.-M. Kodalle, *Dietrich Bonhoeffer. Zur Kritik seiner Theologie*, Gütersloh 1991.

die mit bestimmten Reiz-Reaktions-Mechanismen rechnet. Beispiel: Die großen Hilfsorganisationen wissen zu berichten, daß bei zu großzügiger Verteilung von Nahrungsmitteln unter Hungernden und Bedürftigen sofort der Drang nachläßt, die eigenen Felder in mühseliger Arbeit zu bestellen. Deshalb lautet ja die Devise auch ‚Hilfe zur Selbsthilfe'. Wenn wir mithin aus humanitären Motiven eingreifen und auf eine Optimierung des Mitteleinsatzes achten, finden wir – jedenfalls moralisch – nichts dabei, die Menschen in ihrem Reagieren *en masse* als Willenssubjekte zu behandeln, die mit hoher Wahrscheinlichkeit auf bestimmte Reize ziemlich berechenbar reagieren. – An dieser Stelle mag eine vorsichtige Wiedergabe einer Selbstbeobachtung angezeigt sein. Wird der Sachverhalt wie soeben direkt, frank und frei, ausgesprochen, beschleicht uns doch ein – wenngleich nur leises – Unbehagen, erst recht, wenn wir diese Sicht einem einzelnen Menschen aus der betreffenden Population ins Angesicht sagen würden. Ich behaupte: dieses Unbehagen erwächst *nicht* aus der Tatsache, daß eine solche Einstellung gegenüber Menschen in der Masse fehl am Platze sei, sondern aus der Ahnung, daß eine moralische Qualifizierung des Menschen als Massenwesen unangebracht ist und daß es eine Selbstpreisgabe ans Kollektive ‚eigentlich' nicht geben sollte. In dem Unbehagen meldet sich, anders gesagt, das Gefühl, eigentlich müßte der *einzelne* Notleidende Anlaß unserer moralischen Reaktion sein. – Im Leben haben wir uns indessen mit dieser Spaltung, daß auch die gigantischen Hilfsaktionen und Eingriffe *effektiv* sein und rational kontrollierbar bleiben müssen, zu arrangieren.

Ebenso ist uns ja auch die folgende Verfahrensfigur geläufig: Nimmt ein bestimmtes Delikt überhand, reagieren wir mit der Forderung, durch abschreckende Strafverschärfung die Eskalation solcher Delikte einzudämmen. Wir unterstellen – indem wir nur die *Gruppe* der (potentiellen) Täter im Auge haben – ein ganz primitives Reiz-Reaktions-Schema und sind uns auch ziemlich sicher, daß es greift. Folgt daraus nicht die *grundsätzliche* Auffassung, der Mensch sei nur ein mit instrumenteller Vernunft begabtes dynamisiertes Triebwesen – und sonst gar nichts? Wie wehren wir diese Folgerung anders ab, als indem wir sauber unterscheiden, ob wir von einer anonymen Gruppe reden oder von diesem bestimmten Einzelnen.

Aus diesen Erwägungen folgt – für manche(n) vielleicht überraschend – eine eigentümliche Rechtfertigung des kantischen Satzes „du kannst, denn du sollst". Dieser Satz bringt doch vor allem dies zum Ausdruck: Niemand ist befugt, sich zur Selbst-Entschuldung auf die eigene Schwäche zu berufen. Schwäche wird gerade durch die Entschuldigung der Schwäche erst erzeugt. Wer sich und anderen einredet „So bin ich nun einmal; ich kann nicht dagegen an“, der „bewirkt eine Art Lähmung, welche die Vorhersage eintreffen läßt“[58].

Die Alltagssprache vermittelt uns einen gewissen Aufschluß über den Zusammenhang von Entschuldigung und Freiheit bzw. Verantwortung. Bekanntlich pflegen wir, wenn Menschen ethisch dubiose Entscheidungen gefällt haben, zu sagen „aber sie hatten doch gar keine andere Wahl!“ Damit wird suggeriert, es lasse sich, mit Rücksicht auf die Umstände natürlich, objektiv *feststellen*, ob ein Mensch in einer bestimmten Situation die Freiheit der Wahl hatte oder nicht. Dabei verhält es sich doch ganz anders:[59.] Wir drücken mit jenem Satz „er hatte doch gar keine andere Wahl“ unsere Bereitschaft aus, die Tat (oder Unterlassung) zu entschuldigen! Wir entlasten den anderen Menschen ‚ein Stück weit‘ vom Druck seiner Verantwortlichkeit. Unsere Rede über Freiheit und moralische Verantwortlichkeit bewegt sich also gar nicht auf der Ebene von empirischen Faktenfeststellungen, sondern sie ist abhängig von unserem *Urteil* über Fakten, das wir im Lichte einer (variablen!) Bereitschaft zur Verzeihung fällen: Ob jemand „eine Wahl hatte“ oder nicht, ist mithin eine *meta-moralische* Frage. Sobald wir jemanden – anders gewendet – einer verwerflichen Tat bezichtigen und ihn eventuell verurteilen, besagt dies, daß wir uns von glaubwürdigen Gründen für Entschuldigungen nicht zu überzeugen vermochten.

Wo wir interpersonell mit starken Worten darauf bestehen, daß hier doch *Freiheit* vorliegt, zeigt das an, daß es uns an Gründen – oder an Bereitschaft – mangelt, den Betreffenden zu entschuldigen. „Sollen“ impliziert dann strikt „Können“. *Zuerst* also sollten wir erkunden, ob es Entschuldigungsgründe gibt, *und dann* können wir uns zu einem Urteil herbeilassen, ob X „eine Wahl hatte“ oder nicht. Offensichtlich läuft diese Auffassung gänzlich jener Meinung zuwider, die das folgende behauptet: wenn *feststellbar* sei, daß jemand keine Wahl hatte, dann werde das die anderen bewegen, sein Handeln zu entschuldigen. Die Entscheidung fällt, so verstanden, auf der meta-moralischen Ebene der Verzeihungsbereitschaft. Darin spiegelt sich unsere Wahrnehmung der conditio humana. – Aufschlußreich wird es, wenn bezüglich des gleichen Vorgangs ein Agent *sich selbst rechtfertigt* mit dem

58 Vgl. Alain, *Die Pflicht, glücklich zu sein*, Frankfurt/M. 1982, S. 65.

59 In diesem Abschnitt stütze ich mich auf Ausführungen von Richard N. Bronaugh, Freedom as the Absence of an excuse, in: *Ethics. An international journal of social, political and legal philosophy*, Vol. LXXIV, No. 3/April 1964, S. 161–173.

Hinweis, er habe doch keine Wahl gehabt. Sofort werden wir all jene Alternativen Revue passieren lassen, die er auch unter den schlimmsten Bedingungen noch stets hätte ergreifen können. Auch der Hinweis eines Agenten auf „Irrtümer“ oder „verhängnisvolle Zufälle“ verfängt nicht, denn es ist nicht davon auszugehen, daß Irrtümer oder Zufälle automatisch das Handeln entschuldigen. Immer hängt es davon ab, wieviel Aufmerksamkeit, Sensibilität, Weitsichtigkeit, Leidensbereitschaft wir von einer Person *erwarten*. Und dieser Erwartungshorizont ist natürlich selbst geschichtlichen Veränderungen unterworfen.

Diejenigen, die sich selbst für unbedeutend halten und sich zu den ‚kleinen Leuten‘ rechnen, suchen sich häufig über die Determiniertheitsperspektive für unverantwortlich zu erklären und wählen gern die Metapher von der großen Maschine: sie seien doch nur ein kleines Rädchen in der großen Maschine gewesen. Aber auch die Protagonisten des Terrors wie Robespierre und Saint-Just zögerten nicht, sich unter Berufung auf eine deterministische Gesamtbetrachtung dagegen zu verwahren, vor Gericht zur Rechenschaft gezogen zu werden: „Wir waren nur das Beil. Sitzt man über das Beil zu Gericht?“[60] Der ehemalige Staatsratsvorsitzende Egon Krenz befleißigte sich vor Gericht – im Unterschied zu seinem mitangeklagten Genossen Schabowski – der gleichen Argumentationsstrategie. – In menschlichen Verhältnissen wird man die Gewährung von Verzeihung – oder schwächerer Formen wie Nachsicht – nicht unter allen Umständen von einem Bekenntnis der Reue abhängig machen dürfen. (Darüber ist näherhin zu reflektieren.) Aber es fragt sich doch, ob Menschen, die sich zu salvieren trachten, indem sie selbst in geradezu pathetischer Ausdrücklichkeit – mit Hilfe der Determiniertheitsperspektive – Freiheit und Verantwortung für sich bestreiten, damit nicht jede Möglichkeit ausschließen, Verzeihung in Anspruch nehmen zu dürfen. Ihnen ist nicht zu helfen.[61]

---

60 Roman Schnur, Staatssicherheit. Ein Aspekt der Französischen Revolution, in: *Verfassung und Verwaltung. FS für K.G.A. Jeserich zum 90. Geburtstag*, Weimar/Wien 1994 – Vgl. Henning Ritter, Das Beil, in: *F.A.Z.* vom 20. Juli 1994, Nr. 166, S. N 5.

61 Nun könnte man einwenden, sogar angesichts solcher Gestalten der Selbsterniedrigung dürfe man niemanden endgültig abschreiben. Solidarität mit dem sich selbst Betrügenden biete die einzige Chance zur Umkehr, zu einer *Bekehrung*, zur nunmehr ‚richtigen‘ Einsicht, oder wenigstens zur differenzierten Urteilsfähigkeit, die zuvor entscheidend blockiert war.

35.

Längst dürfte sich dem Leser die Frage nach dem Verhältnis von *Verzeihen* und *Verstehen* aufgedrängt haben. *Tout comprendre c'est tout pardonner* soll Madame Germaine de Staël-Holstein (1766-1817) formuliert haben. Eine unreflektierte Aufnahme dieser Maxime gerät sehr leicht in eine Komplizenschaft mit dem Übel. Dennoch ist zuzugeben: Je eindringlicher und genauer die *Entstehung* bestimmter Praktiken und Verhaltensweisen dem Verständnis nahegebracht wird, desto wahrscheinlicher wird es, daß man über die Entscheidungen einzelner oder ganzer Populationen milder urteilt. Und zuweilen gewinnt man den Eindruck, daß manche sich vor dieser verbesserten Erkenntnis und Zunahme des Verstehens fürchten, weil sie glauben, man müsse dann auch umstandslos der Devise recht geben, daß Verstehen und Verzeihen Hand in Hand gehen. In der Tat wird man so leichter geneigt sein, eine Handlungsweise als *verzeihlich* einzustufen.

Bezüglich der Verzeihung des *Verzeihlichen* wäre es sogar plausibel, eine schwache Form der *Verpflichtung* zu begründen. Wer auf mittlere Sicht etwas Verzeihliches nicht zu verzeihen vermag, weil er verbissen-hartherzig die eigene Betroffenheit konserviert, der muß sich darauf gefaßt machen, daß ihm die zur Nachsichtigkeit bereite Mitwelt Kleingeistigkeit, Ressentiment und Rachsucht vorhält.

Dabei wird allerdings sehr leicht übersehen, daß die nachsichtige Mitwelt mit der Betroffenheit der Opfer womöglich oberflächlich und unsensibel umgeht. Es ist sogar sehr die Frage, ob eine kultivierte Fähigkeit zur Empathie wirklich ausreicht, sich in die Leiden der Opfer, die auf Gerechtigkeit bestehen, einzufühlen.

In der Perspektive einer Philosophie der Verzeihung, die sich dagegen verwahrt, die Härte des radikal Bösen zu verharmlosen, stellt es sich so dar, daß das Verstehen selbst an unauflösliche Grenzen stößt, an denen sich dann die Rede vom *Unverzeihlichen* aufdrängt! Prominente Denker des 20. Jahrhunderts wie Jacques Derrida haben allerdings darauf bestanden, daß jeder einzelne herausgefordert ist, sich existenziell auf ein Paradox einzulassen: auch noch das Unverzeihliche zu verzeihen. Allemal schützt die Rede vom Unverzeihlichen davor, sich auf pervertierte Formen des Verzeihens einzulassen: auf das *leichtfertige* Vergessen der Erniedrigung und Entwürdigung, kurz: des Bösen.[62]

---

62 Mit diesem Gedanken befinde ich mich in größter Nähe zu Paul Ricoeur. Vgl. dessen Werk *Das Rätsel der Vergangenheit. Erinnern – Vergessen – Verzeihen* (Essener Kultur-

36.

Nachdem es in der kulturellen Ausdifferenzierung zu jenem individuellen Verständnis von Schuld und Verzeihung gekommen ist, das wir seit der Reformation in Europa verzeichnen, sind die nach wie vor antreffbaren Versuche mit gefährlicher Eskalierungstendenz, durch die Auswahl von *Sündenböcken* Schuld zuzuweisen und von eigener Verantwortung abzulenken, archaische Schubkräfte, die in die Moderne hineinragen. Gerade Menschen, die das Gefühl haben, sie *bedürften* der Verzeihung, ohne noch einen Weg zu sehen, sie auch zu erlangen, tendieren, so scheint es mir, am ehesten zu jener regressiven Extrovertierung, die sich in einer Primitivisierung des öffentlichen Diskurses abzeichnet.

Carl Schmitt zum Beispiel: Die Anpassung dieses herausragenden Denkers an das NS-Regime zu untersuchen und zu beurteilen, ist *eine* Sache.[63] Eine ganz *andere* ist die Rolle, die ihm in der bundesrepublikanischen Öffentlichkeit zugewiesen war. Während durch ihre Tätigkeiten in der NS-Zeit stark belastete Persönlichkeiten an Schalthebel der Macht – bis hin in hohe Regierungsämter – gelangten, zog der alte Carl Schmitt in Plettenberg die Abgrenzungsrhetorik der herrschenden *political correctness* monopolartig auf sich. Dem kritischen Betrachter konnte sich der folgende Eindruck aufdrängen: Indem die bundesrepublikanische Gesellschaft sich diesen angeblichen „Kronjuristen" des Dritten Reiches als Sündenbock hielt, der die (ja wahrlich berechtigten) moralischen Disqualifizierungen jener finsteren Epoche auf sich zog, gelang es den anderen, durch ihr Handeln oftmals viel stärker Belasteten, sich als quasi-reingewaschen zu etablieren. Umgekehrt konnte diese lautstarke denunziatorische Schuldzuweisung natürlich auch den Effekt haben, daß moralisch sensible Menschen, denen schon allein wegen ihres Alters von Außenstehenden kaum Vorwürfe zu machen wären, ihre relativ geringfügigen Irrtümer in einer lebenslangen Anstrengung vor der Öffentlichkeit verbargen und sich gerade dadurch – sofern sie Personen des öffentlichen Lebens waren – in ihrer moralischen

---

wissenschaftliche Vorträge Band II), Göttingen 1998; darin Kapitel IV: Vergessen und Verzeihen, S. 131–156. Ders., Erinnerung und Vergessen, in: *Erinnerung – Entscheidung – Gerechtigkeit*, Ulm 1999 (Bausteine zur Philosophie Band 13, Übersetzung: Peter Welsen), S. 11–30; Gerechtigkeit und Rache: S. 31–41.

63 Zu C. Schmitt vgl. vom Verf.: *Politik als Macht und Mythos. Carl Schmitts ‚Politische Theologie'*, Stuttgart 1973. Zur Wirkungsgeschichte Schmitts: Dirk van Laak, *Gespräche in der Sicherheit des Schweigens. Carl Schmitt in der politischen Geistesgeschichte der frühen Bundesrepublik*, 2. Aufl. Berlin 2002 (zuerst 1993).

Integrität erheblich beschädigten. Als Beispiel für *diese* Facette des Problems sei Günter Grass genannt, der als Siebzehnjähriger Mitglied der Waffen-SS wurde und dies erst im Jahr 2006 ‚zugab'. Dessen seinerzeit geäußertes Votum gegen die deutsche Wiedervereinigung – die Teilung Deutschlands als geschichtlich verhängte Strafe für Auschwitz sollte zementiert bleiben – wird nun als indirekte Selbstbestrafung eines Mannes lesbar, der in einer verzeihungsresistenten, sich unnachsichtig gebenden Öffentlichkeit wohl keine Chance sah, für eine ehrliche Selbst-Konfrontation das Verständnis der Mitwelt zu gewinnen. Ein ‚an sich' verzeihlicher Vorgang nahm offensichtlich im Laufe der Zeit so sehr an seelisch belastendem Schuld-Schwergewicht zu, daß es immer schwieriger wurde, sich zu dieser ‚Schande' zu bekennen.

37.

„Moralische Schuld kann anders als durch *Verzeihung* nicht ausgeglichen werden, also weder durch Willenserklärung, noch durch Schuldeingeständnisse oder durch materielle Mittel."[64] Diese Feststellung von Wilhelm Vossenkuhl, dessen Überlegungen ich mich nun zuwende, evoziert einen weiteren Durchgang des Nachdenkens. Der Schuldige müsse seine Einsicht, eine moralische Verfehlung begangen zu haben, dem, der darunter zu leiden hatte, *glaubhaft machen*, damit die Schuld verziehen werden kann. Vossenkuhl unterläßt es an dieser Stelle, die Frage zu erörtern, ob und wie der moralisch Verantwortliche seine Schuld-Last abtragen kann, wenn ein ‚Ausgleich' durch Verzeihung nicht mehr möglich ist, weil der Betroffene, Geschädigte, inzwischen starb. Stattdessen wendet sich Vossenkuhl der Beschädigung der Menschenwürde zu, die jemand sich selbst antut: „Wenn ich z. B. zur Wahrung eines Vorteils eine moralische Überzeugung verleugne und jemanden betrüge, habe ich die Verantwortung mir selbst gegenüber nicht dadurch abgegolten, daß ich feststelle, niemand sei dadurch zu Schaden gekommen." Meine eigene Integrität also steht auf dem Spiel. Vossenkuhls Lösung: ich müsse jeglichen Vorteil rückgängig machen und den Betrug *mir selbst* eingestehen. Erst wenn ich auf diese Weise „meine Verantwortung *übernehme*, kann ich mir selbst verzeihen". Diese ‚Lösung' läßt allerdings entscheidende Fragen offen: Vorstellbar ist zum Beispiel,

64 Wilhelm Vossenkuhl, Moralische und nicht-moralische Bedingungen des Handelns, in: Baumgartner/Eser (Hrsg.), *Schuld und Verantwortung*, a.a.O., S. 109–140; hier: S. 122.

daß der Betrug bzw. der Vorteil nur immaterieller Natur war; so hatte der betreffende Mensch es vor allem darauf angelegt, anderen ein *Bild* von seiner moralischen Integrität überzeugungskräftig zu vermitteln, *ohne damit materielle Vorteile auch nur erreichen zu wollen*; allein auf das so erzielbare Ansehen in der Gesellschaft und das in dieser Widerspiegelung vermittelte gesteigerte Wohlbefinden mag es ihm angekommen sein. Wie soll man sich vorstellen, daß jemand für *diese* Art des Betrugs die Verantwortung übernimmt und sich selbst verzeiht? Genau in solchen Zusammenhängen hatte Kant sich noch genötigt gesehen, dem Selbstverhältnis eine gewisse Tiefenstruktur dadurch zu verleihen, daß er es auf den dunklen Grenzbegriff „Gott" zurückbezog. Es ist ja keine Frage, daß der Mensch am ehesten geneigt ist, sich diese verborgenste Art der Verschuldung selbst zu verzeihen. Vorstellbar ist ja sogar, daß das Ich sich allmählich dem Bild anzupassen sucht, das es – zunächst geheuchelt – von sich in der Gesellschaft hervorgerufen hatte. Ein solches Ich wird doch keine Schwierigkeiten damit haben sich einzureden, mit der allmählichen Verbesserung seines moralischen Charakters habe es die ursprüngliche Lüge längst ausgeglichen, also: wieder gutgemacht. Wenn es sich auch die ursprüngliche Lüge einzugestehen bereit wäre, so wüßte es doch nicht zu sagen, worin der Vorgang bestünde, dafür die Verantwortung zu übernehmen. – Gerade dieses Beispiel führt vor Augen, welche Schwierigkeiten damit verbunden sind, die Selbst-Verzeihung zu denken. Denn selbstverständlich ist nicht einmal die *tätige Reue* mit Verzeihung deckungsgleich.

Beim Stichwort „tätige Reue" könnte man an den schon länger zurückliegenden Profumo-Skandal in England denken. Ein als unbescholten geltender Minister der britischen Regierung, an dessen Kompetenzen und politischer Arbeit nichts auszusetzen war, wurde in der Presse mit Berichten aus seinem Sexualleben konfrontiert – Umgang mit Callgirls –, die zu einem kleinen Erdbeben in der englischen Gesellschaft und zum Rücktritt des Ministers führten. Profumo zog sich nicht auf irgendeinen Landsitz zurück, sondern begann, im Verborgenen als kleiner Sozialarbeiter zu wirken und seine häuslichen Verhältnisse ‚in Ordnung' zu bringen. Vielleicht hat die englische Gesellschaft ihm seinerzeit verziehen – auch unabhängig vom schließlichen Bekanntwerden seiner ‚tätigen Reue', die er selbst ja gar nicht publik gemacht zu haben braucht. Er mag sich geradezu die Verzeihung der anderen ‚verdient' haben – aber war dies auch der Weg, sich selbst zu verzeihen?

Im Bereich des Rechts, so könnte man sagen, erübrigt sich der Verweis auf die Verzeihung, weil an ihre Stelle die Instanz des institutionalisierten Dritten tritt, „der nach expliziten Regeln entscheidet, welche und wie hohe Kompensationen für rechtliche, aber auch für ökonomische Kosten zu leisten sind": „Die Ansprüche der Betroffenen gelten dann als abgegolten, unabhängig davon, ob diese damit zufrieden sind oder nicht."[65] – Dort, wo wir von *Schuld* reden, wo also, wie Vossenkuhl sich ausdrückt, moralische und soziale *Kosten* entstanden sind, könne von Wiedergutmachung erst gesprochen werden, sofern die Betroffenen bereit sind zu verzeihen bzw. das Schuldeingeständnis anzuerkennen: „Die Verantwortung für das Handeln setzt in diesem Fall *symmetrische Beziehungen* zwischen Schuldigem und Betroffenen voraus."[66] Indirekt wird auch aus Vossenkuhls Darlegungen deutlich, daß es für diese Symmetrie überhaupt keinen Maßstab gibt, daß also Schuld wie Verzeihung sich im Unberechenbaren des Maßlosen treffen: „Einen institutionalisierten Dritten, der über das Maß der Schuld und die Höhe der Kompensation entscheidet, gibt es für diesen Typ von Verantwortung nicht." – Aus unseren Überlegungen sollte ersichtlich werden, daß sich tatsächlich die Verzeihung auch nicht mittels einer Logik der *Kompensationen* verrechnen oder einfangen läßt.

Vossenkuhl selbst gibt den Hinweis auf „die Fälle von Tötungsdelikten oder körperlichen und geistigen Schädigungen, nach denen ein moralisch Verantwortlicher nicht aus seiner Schuld entlassen wird, weil der Betroffene dazu nicht mehr in der Lage ist"[67]; die ‚Lösung', sich einfach selbst zu verzeihen ‚in the long run', kommt aus logischen Gründen selbstverständlich auch nicht in Frage, denn hier liegt ja eine objektive Schädigung eines anderen vor. In den genannten Fällen wäre dann also die *Unverzeihlichkeit* der selbstaufgebürdeten Schuld-Last unaufhebbar festgeschrieben. Offenbar hat sich in der Sicht Vossenkuhls die Philosophie mit diesem bedenklichen Ergebnis abzufinden.

38.

In vielen Beispielen konzentriert sich die Darstellung zum Thema „Verzeihung" auf jene Subjekte, denen *direkt* eine Verletzung ihrer Person, ihrer

65 Ebd., S. 123.
66 Ebd., S. 124.
67 Ebd., S. 131.

Würde, ihrer körperlichen Integrität widerfahren ist. Das mag zu Demonstrationszwecken einleuchtend sein – greift aber dennoch zu kurz. Sachverhalte, in die wir direkt überhaupt nicht involviert sind, regen uns dennoch auf. Zum Beispiel nehmen wir über die Medien die Information über einen Gerichtsspruch zur Kenntnis, den wir für verfehlt halten, weil er unserem Rechtsempfinden zutiefst widerspricht. In diesem Falle sind wir doch nur tangiert, weil wir uns als Rechtsbürger mit eben dem Rechtssystem letztlich identifizieren, von dem wir Gerechtigkeit für jedermann im Rahmen des Menschenmöglichen erwarten. Die Empfindungen von Wut und Ärger, Enttäuschung oder Protest angesichts eines solchen Vorkommnisses zeigen an, daß wir auch bei noch fern liegenden Geschehnissen, die scheinbar nur Dritte betreffen, in die Lage versetzt werden bzw. uns versetzen lassen, zwischen Ressentiment und Nachsicht ein eigenes Urteil zu bilden. Wie wenig diese Nachsicht als große Geste der Verzeihung das Rechtsverständnis übertrumpfen darf, wird sofort deutlich, wenn ich das Beispiel konkretisiere und annehme, ich würde von einem (mir vielleicht sehr sympathischen …) Rechtsbrecher, der sich auf der Flucht vor der Polizei befindet, darum gebeten, ihm vorübergehend Zuflucht zu gewähren. Selbst im Falle, daß ich mit seinen Motiven sympathisiere, darf dann doch die Verzeihung nicht die Rechtspflicht außer Kraft setzen, einen solchen Täter dem rechtlichen Verfahren zuzuführen und zwar in aktiver Mitwirkung. Und dies gilt auch und gerade dann, wenn ich dazu neige, dem Täter sein Handeln zu verzeihen. Verzeihung kann am Ende eines rechtlichen Prozesses stehen, darf ihn aber nicht durchkreuzen.

Ganz generell dürfen wir festhalten: Der Geist der Verzeihung zerbricht weder das System des Rechts noch das der Moralität, aber er macht deren Systematik ‚gelenkig'.[68]

39.

Die Frage, ob womöglich Schuld *mit der Zeit* vergeht, ist naheliegend. Hans-Jürgen Wendel hat diese Frage aufgegriffen: „Wie Geldschulden scheinen danach auch moralische Schulden zu verjähren. Sie verschwinden

68 Damit wandle ich eine Formel von Wilhelm Schmidt-Biggemann ab, aus: ders., *Sinn-Welten, Welten-Sinn. Eine philosophische Topik*, Frankfurt/M. 1992, S. 58.

allein, weil Zeit vergeht."[69] In Anbetracht dieses Prozesses von einer *Pflicht* zur Verzeihung, die zu *fordern* wäre, zu sprechen, ist m.E. nicht angebracht. Hier ist Wendel radikaler als ich, dem der *Pflicht*-Diskurs in diesen Dimensionen unpassend erscheint.

Wendel hält fest, eine moralische Verurteilung dürfe sich nur auf die *Motivation* eines Täters/Unterlassers beziehen – und zwar mit Blick auf „Dispositionen zu gegenwärtigem und zukünftigem Handeln". Sobald sich die Motivationslage geändert hat, müsse sich unser moralisches Urteil dieser Lage anpassen; d.h.: wir sind dann nach Wendel zur Vergebung *verpflichtet*. Wir *sollen* vergeben, wenn sich die Haltung glaubwürdig geändert hat und dürfen die Fehler der Vergangenheit nicht mehr in die moralische Beurteilung einbeziehen.[70] Ob Schuld also weiterhin ‚vorgehalten' werden kann und soll, hängt ganz und gar vom aktuellen Sinneswandel des Täters ab. Demnach ist es schlechthin abwegig, von einer ewig fortdauernden Schuld in dieser Perspektive zu reden. Das Vergangene ist dann als Gegenstand der moralischen Beurteilung eben vergangen.[71] Wer sich in solchem Falle weigert zu verzeihen, handelt damit, so Wendel, selbst moralisch dubios, denn er schreibt die andere Person auf ein Personsein fest, mit dem diese gar nicht mehr identisch ist.

Nun nimmt Wendel eine wichtige Differenzierung vor: Er stellt die Frage nach der Verantwortung für das eigene ganze vergangene Leben bzw. für das Leben als *kontinuierliches Ganzes*. So blickt der – inzwischen – in seiner Haltung Geläuterte doch auf ein Leben zurück, das gravierendes Fehlverhalten einschließt und *insofern* die Spuren des Mißlingens in sich trägt. Diese Schuld – nämlich womöglich sein Leben ‚vertan' zu haben – sei untilgbar und mache die Tragik des Daseins aus. Es komme aber darauf an, diese untilgbare ‚Schuld' nicht zu verwechseln mit der moralischen Beurteilung von Personen, „die deren Wert als gegenwärtig und zukünftig Handelnde betrifft".[72]

In eine gewisse Nähe zu diesen Gedankengängen rücke ich Aurel Kolnai, der es für geboten hält, der Frage nachzugehen, ob Vergebung

69 Hans-Jürgen Wendel, Vergangen – Vergessen – Vergeben?, in: *Politik der Erinnerung*, hrsg. v. H. Hastedt/Ch. Thies/N. Werz (Rostocker Philosophische Manuskripte. Neue Folge, Heft 8), Rostock 2000, S. 99–109; hier: S. 99.

70 Ebd., S. 109.

71 Ebd., S. 104f.

72 Ebd., S. 108.

überhaupt *logisch möglich* ist (provozierend spricht er von einem *logischen Paradox* der Vergebung).[73] Nach Kolnai besteht eine vertraute Form, Handlungsweisen zu entschuldigen, darin, entweder ganz generell die Schwäche der menschlichen Natur ins Feld zu führen, oder bestimmte andere Generalklauseln zu verwenden (z. B.: ‚wir waren schließlich alle einmal jung'). Eine andere Möglichkeit besteht des weiteren darin, den Gesamtcharakter der Persönlichkeit so stark zu würdigen, daß demgegenüber die tadelnswerte Verhaltensweise sich zu einer bloßen Ausnahme minimalisieren läßt und insofern verzeihlich erscheint. Nicht gering schätzen sollte man freilich auch das vitale Interesse an einer Aufrechterhaltung guter Beziehungen; dieses Interesse kann jemanden dazu bewegen, daß er, trotz nicht geringen Ärgers, die tadelnswerte Verhaltensweise oder Handlung zu ‚übersehen' sucht. Man mag sich fragen, ob menschliche Lebensverhältnisse nicht allein dann möglich sind, wenn eine gewisse Bereitschaft besteht, tadelnswerte Vorkommnisse hin und wieder geringer zu gewichten, als sie es unter strengen Gerechtigkeitsgesichtspunkten verdienen. Fatal allerdings würde sich eine solche ‚humane' Einstellung auswirken, wenn sie im Effekt zu einer allmählichen Reduktion der sittlichen Standards beitrüge. Unfair für das Gerechtigkeitsempfinden erscheint eine Verzeihungsbereitschaft ja bereits dann, wenn sie bezüglich einer bestimmten Person offensichtlich zu größerer Konzilianz bereit ist als bezüglich einer anderen, womöglich weniger sympathischen.

Eigentümlich ist die Vorstellung Kolnais,[74] im Grenzfall reduziere sich die Verzeihung auf bloße *Redundanz*: wenn sich im Leben eines Übeltäters glaubwürdig ein Bruch mit der eigenen Vergangenheit bezeugt, er also wirklich eine Änderung seiner Sinnesart erkennen läßt und sich in einer unmißverständlichen Weise entschuldigt und Wiedergutmachung geleistet hat, so stellt es ja geradezu eine *Pflichtverletzung* auf seiten des Betroffenen bzw. Geschädigten dar, sollte er sich weigern, entsprechend Verzeihung zu bekunden. Beharrt er statt dessen verstockt auf seiner ‚Betroffenheit', muß er es sich gefallen lassen, daß sich die Schuldvorwürfe auf ihn richten und er hartherziger Rechthaberei und Rachsüchtigkeit geziehen wird. Wenn auf seiten des Übeltäters nichts mehr zu vergeben ist, hat auch die Verzeihung ihr ‚Recht' eingebüßt – so konstruiert es Kolnai. Zugespitzt: entweder ist das Übel immer noch wirksam, wird die Bösartigkeit der Handlungsweise

73 Aurel Kolnai, Forgiveness, a.a.O.

74 Ebd., S. 98f.

immer noch fortgesetzt oder zumindest nicht widerrufen: dann würde man mit einer einfachen Entscheidung zur Vergebung solch ein Verhalten ja nur bestätigen und bestärken – und das machte alles nur noch schlimmer. Oder der Übeltäter hat mit dieser Einstellung und diesen Handlungen offensichtlich gebrochen – dann würde man mit einem ständigen In-Erinnerung-Rufen des vergangenen Übels eher ein neues, weiteres Übel schaffen. In letzterem Fall stellt dic Bekundung von Verzeihung also nichts anderes dar, als den Akt der *Anerkennung* des Faktums, daß man nicht länger ein Opfer ist. Kurz: Vergebung läßt sich entweder nicht rechtfertigen oder sie ist überflüssig.

Dieses Entweder-Oder ist allerdings selbst nach Auffassung seines ‚Konstrukteurs' Kolnai zu ‚mechanisch'.[75] Im Falle des Übeltäters mag es sich um einen für ihn untypischen, insofern isolierbaren Akt gehandelt haben. Auf der anderen Seite könnte es eine Handlung sein, die von Grund auf symptomatisch für den Charakter des Täters ist. Neben diesen Grenzmarkierungen – einerseits der primitive, impulsiv-unkontrollierte Typ eines Verhaltens, andererseits ein zutiefst asozialer, bösartiger Charakter – gibt es auch noch, davon zu unterscheiden, eine gewisse naive Amoralität. – Wenden wir uns dem verzeihenden Subjekt zu. Selbstverständlich werden wir es nicht als einen Akt der Verzeihung ansehen, wenn jemand aus Bequemlichkeit, Feigheit, Gleichgültigkeit sich von dem Täter einfach abwendet und ihn sich und ‚seiner Welt' überläßt, es aber vorzieht, den Angriff auf die eigene Integrität einfach zu ignorieren. Gewiß aber gilt auch, daß die Einstellung der Verzeihung direkt ‚von Herzen' kommen kann, anders gesagt: nicht unbedingt ein Entscheidungsakt sein muß, in dem ein Subjekt zwischen gewährter Entschuldigung, zynischer stillschweigender Duldung und hartherziger Rachsucht *wählt*. Auch aus der Tatsache, daß jemand zunächst zögert, reserviert bleibt, ist nicht darauf zu schließen, daß hier authentische Vergebung nicht vorläge.

Verzeihung setzt keineswegs notwendigerweise voraus, daß auf seiten des Täters ein dramatischer und fundamentaler Einstellungswechsel der gesamten Sinnesart (sozusagen sichtbar) stattgefunden hätte. Denn Gegenstand der Verzeihung ist eine noch bestehende Schuld, nicht also eine Schuld, die gar nicht mehr existent ist. Natürlich spielt es auf seiten des Verzeihenden eine Rolle, ob der Täter sich um eine Verbesserung seiner Einstellungen und Verhältnisse bemüht oder ob er im Gegenteil sich auf

---

75 Ebd., S. 99.

dem absteigenden Ast befindet. Wenn also jemand ostentativ Härte zeigt, so kann dies auch taktisch sein und erlaubt einem Dritten eigentlich nicht das Urteil, der so Reagierende sei einfach hartherzig. Im übrigen hebt Kolnai hervor,[76] daß selbst ein unmißverständlicher Gesinnungswandel die einmal geschehene Tat nicht einfach *ungeschehen* macht. Also kann auch Vergebung nicht mit einem automatischen ‚Vergessen' gleichgesetzt werden, so als sei die Tat niemals geschehen.

Allemal könnte man sagen:[77] wo ein wirklich glaubwürdiger Gesinnungswandel vorliegt, wird das Verzeihung-Gewähren doch zu einer „Pflicht". Dennoch ist der Akt der Vergebung nicht einfach überflüssig. In ihm dokumentiert sich die Bereitschaft des Geschädigten, das Geschehene gleichsam zu annullieren. Und doch ist es nur möglich, von einer *Quasi*-Verpflichtung zur Verzeihung zu sprechen, denn das Verzeihen-Sollen kann nicht im gleichen Sinne als Verpflichtung angesehen werden, wie zum Beispiel das Halten-Müssen eines Versprechens! Es ist nicht einmal mit bestimmten verpflichtenden Akten der Wohltätigkeit vergleichbar, etwa mit der Pflicht, eine unschuldige Person vor einer bestimmten Gefahr, die sie bedroht, zu warnen! Insofern bleibt es dabei, daß im Verzeihen eine Freiheit ‚jenseits aller Gesetzlichkeit' die Kommunikationsverhältnisse prägt. Wir sollten aber auch nicht dazu neigen, die Reichweite und Leistungskraft der Verzeihung zu überziehen oder zu überfordern. Selbst wenn wir jemandem Verzeihung gewährt haben, der uns – und sei es sehr indirekt – zu verstehen gegeben hat, daß ihm das Vergangene leid tut und er sich um Besserung bemüht, kann es durchaus nachvollziehbar sein, daß jemand den Entschluß faßt, mit einer solchen Person doch nicht wieder in *enge* Beziehungen eintreten zu wollen. Bildhaft gesprochen: die Wunde blutet nicht mehr, aber die Wunde juckt noch. So läßt sich von außen also überhaupt kein wertendes Urteil fällen: Durch die – am besten indirekt bekundete – Einstellung der Verzeihung mag das Band zwischen Menschen, die einst vertrauensvoll miteinander umgingen, wieder geknüpft werden; aber es kann sein, daß die Verbindung nun doch sehr verletzlich und zerbrechlich bleibt; allerdings: auszuschließen ist nicht, daß eine solche komplexe kommunikative Erfahrung geradezu auch zu einer viel bewußteren *Vertiefung* der Beziehung führt (wie im 19. Jh. Franz von Baader eindrücklich herausgearbeitet hat). Gewiß ist uns diese letztere Entwicklung ‚sym-

76 Vgl. ebd., S. 101.

77 Vgl. ebd.

pathischer‘, aber je nach Lebenskontext wird man auch gegen denjenigen keine Vorwürfe erheben können, der sich wappnet gegen den möglichen Rückfall des ‚bekehrten Sünders‘.[78] Wir bewegen uns hier ja in einem gänzlich offenen Raum schöner Unsicherheit, wie es eben der Freiheit jenseits des Gesetzes auch entspricht! So mag der einseitige Akt einer Bekundung von Verzeihung dazu führen, bei dem Übeltäter die letzten Reste von Feindseligkeit oder auch Selbsthaß zum Verschwinden zu bringen und ihn in neuer kommunikativer Kompetenz zu stabilisieren, aber sicher ist das nicht. Und es fragt sich, ob dieses wünschenswerte Ziel überhaupt das *Wesen* der Verzeihung ausmacht. Es sei ruhig wiederholt: wenn die gewährte Verzeihung dazu beiträgt, daß die Restbestände von falschem Stolz und verhärteter Bösartigkeit dahinschmelzen: wer wollte beklagen, daß dann der Geist der Verzeihung erscheint wie eine Art Versicherungspolice gegen moralische und praktische Rückfälle in schädigende Verhaltensweisen. Doch mit sicheren Faktoren ist hier eben nicht zu rechnen. Es ist eine – ich möchte fast sagen: – Beobachtungstatsache, daß das Evident-Gute geradezu die Bösartigkeit auch zu wecken vermag. Somit ist wirklich nicht auszuschließen, daß die von einer Seite angedeutete Absicht zu verzeihen die andere Seite verführt und ermutigt, sich in Ressentiment und Haß geradezu einzuhausen, sich darin zu verbeißen. Wenn dies faktisch passiert und der Täter höchstens Erleichterung an den Tag legt, so billig davongekommen zu sein, wird man sich nicht wundern dürfen, wenn gegen die Verzeihung nicht nur praktische, sondern auch moralische Einwände erhoben werden, selbst wenn dem Verzeihenden jede Art von Komplizenschaft fernliegt. Selbst in solchen Fällen, immer vorausgesetzt, daß es sich wirklich um authentische Verzeihung handelt, ist die Verzeihung ein vornehmer Akt menschlicher Großzügigkeit, auch wenn der Außenstehende wirklich Gründe haben mag, diese Entscheidung als unklug, ja als dumm zurückzuweisen.[79]

40.

In eindringlichen Überlegungen hat sich Robert Spaemann ‚unserem‘ Thema gewidmet.[80] Er legt rhetorisch die Frage nahe, wer wohl bestreiten

78 Vgl. ebd., S. 102.

79 Vgl. ebd., S. 103.

80 Robert Spaemann, *Glück und Wohlwollen. Versuch über Ethik*, 2. Aufl. Stuttgart 1990, S. 239–254.

wolle, daß wir *unweigerlich* unser Leben auf Kosten anderer führen. Kann man diese Feststellung in einem Ton neutraler Unberührtheit treffen, oder schwingt da wenigstens eine Spur des Bedauerns mit? Indessen, je ferner mir der andere mit seinen Leiden und Schmerzen steht, desto leichter wird es mir fallen, ‚zur Tagesordnung überzugehen' – zu der meiner alltäglichen Lebenswelt und Weltbewältigung. Diese Gleichgültigkeit müssen wir einräumen – und wir werden uns im Stillen ihrer vielleicht schämen und werden es nicht für abwegig halten, hier von „Schuld" zu sprechen. Aber diese Schuld ist „nicht primär eine moralische, das heißt die Verletzung eines Sollens, das in einem Anspruch des Anderen gründet".[81] Vielmehr handelt es sich um eine Schuld, die mit der conditio humana unlösbar verschränkt ist. *Vor* allen Diskursen, die darauf zielen, Gerechtigkeit als Tausch, als Fairneß, als Gleichgewicht zu umschreiben, müssen wir uns also darauf einstellen, daß wir aufgrund jener koexistentiellen Lebensverfassung *verzeihungsbedürftig* sind.

Man hat zuweilen daran erinnert, daß Naturvölker die Bäume, die sie zu fällen beabsichtigten, um Verzeihung baten. „Hinter der Bitte stand eine Voraussetzung: daß es die Lebensnotwendigkeit war, die sie den Baum fällen ließ."[82]

Die Philosophie sozialer Interaktion beruht im Grunde auf dem *Prinzip der gegenseitigen Anerkennung*. Wir müssen uns nun damit abfinden, daß in Anerkennungsverhältnissen Form und Inhalt auseinanderfallen. Insofern ist die Gegenseitigkeit dieser Anerkennung immer nur dann einigermaßen enttäuschungsresistent, wenn sie ein Moment der Verzeihung enthält – „der Verzeihung dafür, daß niemand hält, was er durch sein Wesen verspricht".[83] Indem wir die Kraft zu dieser Verzeihung aufbringen, sichern wir den formalen Anerkennungsverhältnissen ihre Lebbarkeit. Verzeihung ist hier ein Ausdruck eines grundsätzlichen *Wohlwollens*. Im Geiste der Verzeihung weigern wir uns, jemanden auf seine Verfaßtheit-*jetzt* festzulegen, ihn bei seinem Worte so zu behaften, als sei es schlechthin unabänderlich. Wir werden dem Anderen gegenüber nur human, seine Würde achtend, verfahren, „wenn wir ihn nicht vollkommen ernst nehmen. Einen Menschen vollkommen ernst nehmen, heißt ihn vernichten. Denn vollkommen ernst genommen zu werden überfordert uns. Die Vernunft eröffnet uns eine

81 Ebd., S. 240.

82 Ebd., S. 241.

83 Ebd., S. 241.

Dimension, von der wir zugleich erkennen, daß sie von uns nicht ausfüllbar ist."[84] Niemand ist sich selbst vollkommen transparent, noch ist er es den anderen gegenüber. Selbst in allen *vernünftigen* Verhältnissen sind *unbewußte* Kräfte im Spiel, und es ist ein Zeichen unserer Bewußtheit, unserer Reflektiertheit und unseres Takts, diesem Sachverhalt kommunikativ Rechnung zu tragen. Bezogen auf diesen gesamten Komplex wird die Behauptung nachvollziehbar, nicht Begründung, sondern *Besinnung* sei dem Menschen als moralischem Subjekt angemessen.[85]

41.

Immer schon sind wir auf uns, auf unseren Willen zur Selbsterhaltung, konzentriert. Wenn uns aufgeht, wie sehr wir in der Verfolgung dieser Selbstsicherung und Selbsterhaltung unsere Selbstbejahung nur deshalb durchhalten können, weil wir abblenden, auf wessen Kosten sich dies womöglich vollzieht, so mag uns die Scham ‚überfallen'.[86] Robert Spaemann spricht von einer „schuldhaften Unaufmerksamkeit", wobei nach dem Gesagten klar sein dürfte, daß diese Unaufmerksamkeit keine absichtliche ist. Deshalb ist erneut davor zu warnen, diese Schuld zu moralisieren, denn dann entstünde ja der Eindruck, mit ein bißchen gutem Willen könnten wir Herr der Lage werden. Wir müssen uns jedoch darauf einstellen, daß die Anomalität, die jenes Schamgefühl hervorruft, durchaus die Normalität unserer conditio humana ist. „In der ‚ontologischen' Verzeihung erlauben wir es dem Anderen, das Versprechen nicht zu halten, das er als vernünftiges Wesen *ist*."[87]

Unsere Lebensordnungen, so weit sie auf Verläßlichkeit und Berechenbarkeit fußen, sind solche der Gegenseitigkeit; insbesondere bezieht sich dies auf jene Systeme, die den Anspruch erheben bzw. die wir mit dem Anspruch begleiten, in ihnen realisiere sich Gerechtigkeit. „Unverwechselbar tritt der spezifisch humane Sinn der Verzeihung erst dort hervor, wo die Ordnung der Gegenseitigkeit gestört ist durch einen Übergriff des einen oder, was dasselbe ist, sein Zurückbleiben hinter der zumutbaren Reali-

84 Ebd., S. 242.

85 Vgl. Ferdinand Fellmann, *Ethik der Selbsterfahrung nach Schopenhauer und Nietzsche* (Philosophische Profile Nr. 8, Schriftenreihe der Münchner Volkshochschule), München 1994, S. 17.

86 Vgl. Spaemann, a.a.O., S. 243.

87 Ebd., S. 235.

sierung der Wirklichkeit des anderen, hinter dem zumutbaren Wohlwollen."[88] Derjenige, der verzeiht, geht ganz strikt von der Differenz zwischen dem Tatbestand/Sachverhalt und der Wesensbestimmung eines anderen Menschen aus; er nimmt die Wirklichkeit des Anderen, sein Selbstsein jenseits des Soseins wahr, das in seinem Handeln oder Unterlassen sichtbar wurde, und er erlaubt ihm, sich selbst davon zu distanzieren.

Zwar heißt es in der Hebräischen Bibel emphatisch „du sollst dir kein Bild machen", von Gott nämlich, doch im Umgang miteinander hat sich uns das Wesen des anderen Menschen schon immer zu einem flüchtigen oder aber sehr verfestigten Bild objektiviert. Und auch von uns selbst haben wir ein Bild, das nur mühsam erschüttert wird durch Schockerfahrungen, die wir im Umgang mit anderen machen. Die soeben beschriebene Struktur einer anomalen Normalität verleitet uns *unwillkürlich* dazu, selbst Bilder von uns zu entwerfen, welche die angedeuteten Abgründe kaschieren. Verwehrt ist uns die Möglichkeit, nun mit einer Unterscheidung von wahrem und falschem Selbstbild zu operieren. Wer wüßte denn schon, wie sein *wahres* Selbstbild aussähe. Aber von dem *geschönten* Selbstbild hängt womöglich unsere Selbstachtung ab. Wie sollten wir kommunikative Verhältnisse kraftvoll gestalten, wenn wir uns deshalb verachteten, weil wir fehlbare, irrtumsanfällige und immer auch von anderen zutiefst abhängige Existenzen sind? „Wer sich selbst verachtet, dem fehlt die Kraft, es mit sich selbst, geschweige denn mit den anderen auszuhalten."[89] „Wer ich wirklich bin, kann ich erst am Ende meiner Geschichte sagen. Und selbst die steht nach dem Tode immer neuen Interpretationen offen."[90] Und wollte einer den anderen direkt auf die ‚Unangemessenheit' seines Selbstbildes hinweisen, liefe er Gefahr, sich den Vorwurf der Taktlosigkeit zuzuziehen.[91] Gewiß, schon in der Differenz zum Anderen wird so manches fraglich und frag-würdig, was ich für selbstverständlich halte. Und diese Fragwürdigkeit spiegelt sich zurück in das Selbstbild, und in Augenblicken ernster Selbstprüfung werde ich mir selbst fraglich. Vielleicht bemächtigt sich dann meiner eine große Unsicherheit. Aber gerade in solchen Stunden ehrlicher Selbstkonfrontation bin ich auf Nachsicht, auf den Geist der Verzeihung, angewiesen.

---

88 Ebd., S. 246.

89 Fellmann, a.a.O., S. 18.

90 Ebd., S. 19.

91 Vgl. ebd., S. 21.

42.

Die Strafe hatte Hegel als Wiederherstellung der Integrität des Rechtsbrechers verstanden wissen wollen. Die Empörung, die durch bestimmte Taten auch bei unbeteiligten Bürgern hervorgerufen wird, ist jedoch eine Anzeige, daß eine Rechtsverletzung über das Verhältnis Schädiger/Geschädigter hinausweist: Indem das Rechtsgefüge als solches mißachtet wurde, bedeutet die Tat eine *grundsätzliche* Infragestellung der eigenen Rechtssicherheit. Diese Infragestellung ist es, die durch die *sühnende* Strafe ‚geheilt' werden soll. Die Strafe legt sozusagen vorweg-objektiv den Unwert einer potentiellen Tat fest.

Wenn ein einzelner Geschädigter verzeiht, gibt es für seinen Großmut – wie schon ausgeführt – kein Maß. Er kann sogar auf jede Art der Wiedergutmachung verzichten. Vielleicht ist er großmütig, weil er demütig der eigenen Korruptibilität eingedenk bleibt. Jenen *überindividuellen* Schaden, der das Interesse potentiell *aller* Rechtsbürger tangiert, vermag er indessen in seinem Großmut überhaupt nicht zu erreichen.

Das lebensweltliche Gewicht des Sühnegedankens liegt quer zu *sozial-utilitaristischen* Kalkulationen. Erlaubte man der Gesellschaft, im Strafrecht exklusiv utilitaristische Gesichtspunkte – wie die Einseitigkeit von Resozialisierung oder von Generalprävention – zur Geltung zu bringen, müßte man womöglich auch in anderen Bereichen der Gesellschaft mit dem Trend rechnen, über den Einzelnen utilitaristisch zu verfügen. Insofern ist es nicht abwegig, die sehr zugespitzte Pointe ernsthaft zu bedenken: „Nur das Festhalten am Sühnegedanken garantiert die Freiheit des nicht straffällig gewordenen Bürgers."[92] Folgt man diesem Gedankengang, wird es allerdings um so wichtiger, ‚Sühne' und ‚Vergeltung' klar zu unterscheiden. (Das tut zum Beispiel Kant nicht, wenn er rigoros das *Jus talionis* verficht.) Wie sich Aufrechterhaltung des Sühnegedankens und ‚verobjektivierte' gesellschaftliche Verzeihung verschränken könnten, verdeutlicht Spaemann im Anschluß an Lévi-Strauss: Dieser „berichtet von einem Indianerstamm, der den Mörder dadurch bestraft, daß sein Haus und sein ganzer Besitz zerstört wird, worauf er durch die Stammesgenossen alles neu erhält. Er lebt nun sozusagen neu von Gnaden der Anderen, deren Schuldner – ohne materielle Rückzahlungspflicht – er geworden ist."[93]

92 Spaemann, a.a.O., S. 251.

93 Ebd., S. 252. Bei dem Versuch, die Brücke von der archaischen Gesellschaft zur ausdifferenzierten unserer Zivilisation zu schlagen, macht Spaemann es sich freilich arg

Abgesehen davon, daß es in der Außensicht schwierig ist, Vergeltung und Sühne zu unterscheiden, wird man unterstreichen müssen, daß die angezielte Verschränkung von Sühne und Verzeihung davon abhängig ist, daß der Täter überhaupt Rechtsmittel zu seiner Verteidigung in Anspruch zu nehmen gewillt ist. Denn dadurch bekundet er, daß er als verantwortlicher Rechtsbürger *angesprochen* werden kann und muß: Er beruft sich nicht auf eine Totalidentität mit seiner Triebnatur, beispielsweise, sondern bezeugt im rechtlich formierten, seiner Verteidigung dienenden Argumentieren, daß er ‚mehr' ist als das, wozu er sich in seiner Tat gemacht hat (die für Außenstehende vielleicht gänzlich unnachvollziehbar ist), und daß er insofern das Recht anerkennt, welches er in seiner Tat negiert hat. „Die Sühne besteht genau darin, daß er für diejenigen Maßnahmen zur Disposition steht, die aus Gründen des sozialen Nutzens – unter dem Gesichtspunkt der Wiedergutmachung, des Schutzes der Gesellschaft oder auch seiner eigenen Resozialisierung – erforderlich sind. [...] indem ihm dies *als* Sühne zugemutet wird, ist er darin zugleich als Person geachtet. Denn es handelt sich um diejenigen Maßnahmen, die er selbst verlangen müßte, wenn er nicht selbst betroffen wäre, sondern unparteiisch über das, was das Gemeinwohl erfordert, zu entscheiden hätte. Die Sühne liegt darin, daß sein eigenes Wohl in die Definition des Gemeinwohls nicht gleichrangig eingeht, sondern daß er Objekt von Maßnahmen und Objekt der Fürsorge ist. Indem er dies akzeptiert, wird sein Status als Subjekt wiederhergestellt."[94] – Erklärt sich ein Täter – wie einige RAF-Terroristen – spektakulär selbst zum *Staatsfeind*, negiert er also das Recht *grundsätzlich* als korrupt, ist das Instrumentarium der Sühne deplaziert – und entsprechend kann es auch keine Spiegelung des Geistes der Verzeihung im Recht geben.

43.

Verzeihung „nimmt die Wirklichkeit des anderen, sein Selbstsein jenseits des So-seins wahr, das in seinem Handeln oder Unterlassen sichtbar wurde".[95] Weil eine Distanz zwischen dem Selbst als einer „alle freien Akte übergreifenden kontinuierlichen Identität und eben diesen einzelnen Taten

leicht; nach der Bemerkung „Die Primitivität unserer Strafsysteme ist im Vergleich zu einem solchen [archaischen] erschütternd" (ebd.) bleibt man ratlos.

94 Ebd., S. 251f.

95 Ebd., S. 246.

im Widerfahrnis der Verzeihung *gesetzt* ist, räumt mithin erst der verzeihende ‚Blick' dem anderen Menschen die *Möglichkeit* ein, sich zu distanzieren von seinen Handlungen. Der Verzeihende sagt sinngemäß: „Nein, so bist du nicht". Und noch dichter: „Du wußtest nicht *wirklich*, was du tatest".[96] Damit sagt der Verzeihende wiederum weniger etwas aus über die verächtliche Tat als über seine Absicht, eine Brücke zu bauen, um die Verachtung zu umgehen. Um nicht verachten zu müssen, ist der Verzeihende zur Entschuldung bereit – wissend um die eigene Anfälligkeit. So verstanden, wäre die Verzeihung dann die Folie sowohl für die geschärfte Wahrnehmung der eigenen Verantwortlichkeit und Schuld wie auch für die Hoffnungsperspektive, sich, ohne die Zurechenbarkeit der Taten zu unterlaufen, auf jenes eigentliche Hintergrund-Selbst als das ‚bessere' Ich zu berufen. Wo diese Berufung indessen gleichsam *solipsistisch* erfolgt, um sich möglichst gar nicht *von anderen* behaften zu lassen, versackt diese Äußerung in der Unglaubwürdigkeit und wird von seiten der anderen konterkariert durch die stärkere Logik des Verdachts: „Das Beharren auf der eigenen Schuld ebenso wie der Versuch, sich selbst zu exkulpieren, bleiben im Zirkel der Selbstbehauptung, des ‚So bin ich eben'."[97] Wer beteuert „das kann ich mir nie verzeihen", ist immer noch in der Hybris verfangen, er selbst sei das *primäre* Subjekt der Sanierung seiner selbst!

Wenn auch die Umstehenden, vor allem natürlich: die von einer Verletzung direkt Betroffenen es sind, die durch die *Aktualisierung* des Geistes der Verzeihung überhaupt erst die Möglichkeit eröffnen, daß ein Täter sich glaubwürdig von seinen Taten zu distanzieren vermag, so lauert hier jedoch wiederum eine neue Falle der Selbstgerechtigkeit. Die, welche Verzeihung zusprechen, laufen Gefahr, in diesem Akt selbst ihre eigene Schuldanfälligkeit zu ‚vergessen' und sich als überlegen, nämlich schlechthin *vernunftkonform*, zu gerieren. Insofern ist ein ehrliches Sich-verzeihen-*lassen* weniger von Anfechtung umlauert als das aktive Verzeihen.

Die schwächste Vergegenwärtigungsgestalt von Verzeihung, die aber angesichts mancher Grausamkeiten die Zeugen des Geschehens schon schier überfordert, ist die *Urteilsenthaltung*. Gemeint ist nicht eine Suspension des Urteils über den Gegenstand: die bestimmten Taten/Unterlassun-

96 Ebd., S. 248f.

97 Ebd., S. 247.

gen, wohl aber des Urteils über den Handelnden selbst, dessen Verhältnis zu sich in keiner Tat voll zur Darstellung kommt.[98]

44.

Eine Ethik, welche Verzeihung als Grundbegriff versteht und nicht erst als reaktive Tugend ‚nach dem Fall', wird sich einer Sprache befleißigen, die auf ein *rigides Forderungsvokabular* verzichtet, weil das Verlogene moralischer Selbstgerechtigkeit nicht erst entlarvt, sondern *von vornherein* unterlaufen werden soll. Erkennbar muß werden, daß kooperative Verhältnisse zwischen nicht-identischen ‚Subjekten' nicht etwa deshalb gelingen, weil einer den anderen von der Richtigkeit seiner moralischen Auffassungen überzeugt hätte, sondern weil im kommunikativen Prozeß Nachsichtigkeit und Selbstzurücknahme dazu geführt hatten, daß man *trotz unterschiedlicher, mit Sollenssätzen verbundener Betrachtungs- und Urteilsperspektiven* zu einer Verständigung fand: Im ‚Geist der Verzeihung' *fand sich* die Verständigung – so könnte man auch formulieren, um zum Ausdruck zu bringen, daß sich darin stets auch eine *Brechung der eigenen Intentionen und Deutungen* vollzieht. Im Vertrauen darauf, daß ethische Verhältnisse immer nur wirklich gelingen, weil und insofern die eng mit dem Austrag von Streit verbundene Rechthaberei zurückgenommen wird im Zeichen einer noch stärkeren Kraft, die sich als *Souveränität*, als *Großzügigkeit* im Dasein manifestiert, kennzeichnet eine gewisse Gelassenheit die Rhetorik solchen moralphilosophischen Diskurses.[99] Diese Großzügigkeit, Manifestation der Souveränität eines Geistes der bescheidenen Menschenfreundlichkeit, *trägt* die zukunftsorientierten Tätigkeiten und verhindert eine ‚Zukunftsbewältigung', die wähnt, sie besäße das *einzig* richtige Konzept, dem sich alle zu fügen oder anzuschließen hätten, die guten Willens sind.

In jedem Gespräch arbeiten wir mit einer Unzahl von Unterstellungen – erst an der Reaktion der Verletztheit merken wir häufig, daß wir offensichtlich ‚zu weit' gegangen sind. Das war nicht Absicht; wir ersuchen dann um Nachsicht. Und – auch wenn ein Rest von Bitterkeit das weitere Gespräch durchsäuert – in der Regel wird sie gewährt, weil *Absichtlichkeit* nicht unterstellt wurde. Denn von den sedimentierten, verfilzten oder gar

98 Vgl. ebd., S. 249.

99 Vgl. zu diesem Gesamtkomplex: Helmut Fleischer, *Ethik ohne Imperativ. Zur Kritik des moralischen Bewußtseins*, Frankfurt/Main 1987.

versteinerten Vorstellungsbündeln, von der Suggestivkraft der Bilder, von den nostalgischen oder utopischen Kulissen kann sich niemand vollständig befreien. Tatsächlich hat die neuzeitliche Philosophie in manchen ihrer Facetten es für möglich erachtet, die rein rationalen Funktionen der Sprache von ‚mythischen' semantischen Potentialen zu befreien; es erwies sich als realistisch, diese Bestrebungen aufzugeben. Die Auffassung, es komme allein auf die logische Analyse, also die formal-logische Entfaltung von idealen Formen reglementierter Sprachen an, ist irrig. Wir befinden uns schon immer in Behauptungsvorgängen, in denen wir unseren wissenschaftlichen Kredit überziehen. „Denn das, was ich für selbstverständlich halte, enthält gerade nicht die explizite Anerkennung der Endlichkeit je meines Standpunktes, der Perspektivität je meiner Erfahrung und meines Denkens, oder gar der Abstraktheit und Idealität der Idee absoluter Invarianz und Objektivität. Ironischerweise verbirgt sich daher im Sprechakt selbst, in dem eine objektive Wahrheit umstandslos behauptet wird, oft die größte Subjektivität."[100] Obwohl es trivial sein mag, (mit Stekeler-Weithofer) zu insistieren, daß „keine Verständigung zwischen Personen [...] bloß schematische Anwendung von Regeln, sondern immer auch eine freie Zusammenarbeit" ist, so bleibt es doch für die theoretische Erfassung des Stellenwertes der Verzeihung eine unerläßliche Hervorhebung, die „Polyfunktionalität" jedes sprachlichen Ausdrucks, jedes Satzes und jeder Sprechhandlung zu betonen[101] und sich stets dies gegenwärtig zu halten: „Wenn wir vernünftig denken (wollen), folgen wir also nicht mehr einfach vorgegebenen und für gültig erklärten Regeln des verständigen Urteilens und rationalen Schließens, wie wir sie etwa in einer formalen Logik auflisten oder in einer Theorie der rationalen Entscheidung entwerfen."[102] Ein rationales Denken im *engeren* Sinne ist an vorgegebene Schemata des Verstandes gebunden; ein *vernünftiges* freies Denken hingegen ist in einem gewissen Sinn für Erfahrungen allererst offen.[103]

In performativer Hinsicht wirkt Sprache – über die Intentionen der Sprechenden hinweg – gerade durch jene semantischen Potentiale, die wir

100 Pirmin Stekeler-Weithofer, Was heißt Denken? Von Heidegger über Hölderlin zu Derrida, Bonn 2004, S. 14f.

101 Ebd., S. 47.

102 Ebd., S. 62.

103 Vgl. ebd., S. 62. Stekeler-Weithofer hält es für angebracht hervorzuheben, selbstverständlich könne das Selbstdenken auch nicht einfach durch das bloße Übertreten von Regeln charakterisiert werden.

gern für irrational ausgeben und die ihren Ausdruck in der Suggestivkraft von Metaphern, Bildern und Symbolen finden.

45.

Wenn in einer Debatte Auffassungen aufeinanderprallen und sich die jeweiligen Diskussionspartner geradezu um die ‚Schärfung' ihrer Argumente bemühen, kann es sehr rasch geschehen, daß sich Beteiligte verletzt fühlen, auch ohne daß auf seiten eines der Diskutanten die Absicht bestanden hätte, womöglich durch Überzeichnungen zu provozieren. Einer, der sich durch starke Argumente oder durch rhetorische Brillanz in die Enge getrieben fühlt, entwickelt leicht Gefühle innerer Abwehr, ja zuweilen der Verbitterung, die seine Gegenargumentation durchdringen und einfärben. Selbstverständlich könnte man dazu sagen: wer sich durch ein besseres Argument nicht ‚geschlagen' geben kann, ist einfach unreif oder eben nicht auf der Höhe der Vernunft. Ganz anders indessen nimmt sich der Sachverhalt aus, wenn wir von der Vermutung ausgehen, daß sich Argumente und Emotionen *vollständig* gar nicht trennen lassen, auch wenn es ein Zeichen (zum Beispiel) akademischer Kultur ist, diese Trennung anzustreben. Halten wir diese Vermutung für realistisch, so werden wir auch zugeben müssen, daß eine Debatte nicht-spielerischer Art, also eine Debatte um ernsthafte Sachverhalte beispielsweise ethischer Qualität, in der das Ich ‚irgendwie' mit auf dem Spiele steht, dann am ehesten in die Verständigung einmünden wird, wenn die Beteiligten einander die – unvermeidliche! – Rechthaberei verzeihen. Das *Klima der Nachsicht* muß – trotz der Zuspitzung in existentieller Ernsthaftigkeit – wenigstens phasenweise ‚durchscheinen' – als Humor, der es einem erlaubt, sich in der Darlegung eines Arguments selbst zurückzunehmen, ohne dabei das Gesicht zu verlieren. Ich denke, dies läßt sich auch habitualisieren; aber diese Habitualisierung muß doch zurückgebunden sein an ein Verständnis von Wahrheit, das selbst aufs engste mit einem *Verständnis von Verzeihung* verschränkt ist.

Mit anderen Worten: Wir haben auch bezüglich hochstufig-komplexer ‚theoriegeladener' Diskurse zur Kenntnis zu nehmen, daß es Invarianz im Sinne von Überzeitlichkeit wissenschaftlicher Aussagen nicht gibt. Wenn wir sprachlich so etwas in Anspruch nehmen, dann höchstens im Sinne einer regulativen Idee.[104] Daß wir ständig auf Redeweisen treffen, die

---

104 Vgl. Stekeler-Weithofer, a.a.O., S. 14.

unterstellen, es gebe so etwas wie eine Wirklichkeit und Wahrheit *an sich*, ohne Bezugnahme auf Formen der Differenzierung unseres sprachlichen Ausdrucks und unseres ganz konkreten Wissens, braucht uns nicht länger zu irritieren – egal ob wir uns auf Hegel oder Nietzsche, Derrida oder Rorty beziehen.

Beides prägt unsere Diskurse: das ernsthafte Streben nach und Ringen um ein Wissen, welches darauf zielt, bloß subjektive Betrachtungsweisen und relative partikulare Interessen zu überwinden, *und* die Einsicht, daß „die Vorstellungen von einer absoluten Wert- und Zweckfreiheit des Wissens überschwänglich und daß die Vorstellungen von einer absolut transsubjektiven Wahrheit selbst schon transzendent sind“ (Stekeler-Weithofer). Wer diese Einsicht ignoriert, dem ist ins Stammbuch zu schreiben: „nicht nur der Schlaf der Vernunft gebiert Ungeheuer, es werden auch in ihrem eigenen Namen Ungeheuer geboren.“[105]

Die Vorstellung ist also trügerisch und selbstbetrügerisch, man könne in einem problemorientierten Diskurs, *in dem etwas auf dem Spiele steht*, sich selbst und den Gesprächspartner dazu bringen, „sich auf ein unumstrittenes positives Wissen zu reduzieren – als könne es gelingen, alle impliziten ethischen Wertungen und alle mit solchen Wertungen aufgeladenen Begriffe und Urteile zu Gunsten einer Beschreibung und Erklärung reiner Tatsachen zu vermeiden.“[106]

46.

An dieser Stelle sei zu bedenken gegeben, ob nicht erst recht Philosophen der Verzeihung bedürfen, vor allem jene, die als Ethiker oder Religionsphilosophen besonders auf dem Prüfstand stehen. Zwar gilt auch für sie, daß Ethik – als Reflexion auf moralische Prinzipien – nicht mit Moral zu verwechseln ist. Dennoch pflegen sich in der Entfaltung der Prinzipienreflexion Tendenzen abzuzeichnen, an denen zu erkennen ist, welchen Moralprinzipien der Philosoph auch lebenspraktisch den Vorzug gibt. Beim Ethiker verhält es sich doch wohl anders als beim Logiker. Der Philosoph erweckt doch den Anschein, es gelte, das eigene Leben mit den erkundeten Prinzipien in Einklang zu bringen. Eher als andere konfrontiert man ihn mit

105 Ebd., S. 63.
106 Ebd., S. 66.

einer Beobachtung, die auch für die meisten anderen gelten mag: Selten genug beherzigen Philosophen im realen Leben, was sie theoretisch für unbedingt gültig ausweisen. „Auch Philosophen sind Menschen und daher nicht völlig rational, und zwar selbst dann nicht, wenn sie das Ideal der Rationalität für richtig halten.“[107] Sind insofern Philosophen nicht *besonders* verzeihungsbedürftig? Darin nur noch übertroffen von Geistlichen, den Sachwaltern *geoffenbarter* Wahrheit? Allemal scheint doch die Erfahrung zu belegen, „daß die wissenschaftliche Beschäftigung mit ethischen Problemen moralische Entscheidungen nicht leichter, sondern eher schwerer macht“.[108]

47.

Je weniger das Gespräch sich auf die intime Sphäre des Hauses oder die abgegrenzte der Wissenschaft beschränkt, je mehr Öffentlichkeit für einen Diskurs angestrebt oder hergestellt wird, desto ausdrücklicher, absichtsvoller werden die Unterstellungen: Man nimmt ganz bewußt Verletzungen des anderen in Kauf, strebt sie zuweilen sogar strategisch an.

Die faktische Verschuldung des Daseins hängt nämlich aufs engste zusammen mit den Ausgrenzungen eines *eingefleischten* Freund-Feind-Denkens. Dieses perpetuiert sich ständig auf den unterschiedlichsten Niveaus, und wir tun gut daran, mit seiner geschichtlichen Regenerierbarkeit immer und überall zu rechnen. Die *Eskalation* dieses Denkens, Fühlens und Wollens im Zeichen der Konfrontation von Freund und Feind kann politisch-rechtlich verhindert werden, doch seine Mächtigkeit über die Agenten bleibt intakt. „Verzeihung“ ist ein *vor-laufendes* Verhalten, welches Aussöhnungsbereitschaft bekundet, wo noch der Haß regieren will. Das *kann* Kopf und Kragen kosten. Verzeihung ist höchst riskant, zumal nicht mit einer Ein-Für-Allemal-Aufhebung der Freund-Feind-Dialektik zu rechnen ist. Verzeihung durchbricht sie *punktuell*, freilich in der Hoffnung, die Geschichte möge die *Spuren* dieses Durchbruchs bewahren als Gewinn neuer *Normalität*. In einer von Aggressions- und Selbstdestruktionstendenzen gefährdeten Welt ist ‚Normalität‘ das Inkognito der Verzeihung. Der

---

107 Reinhard Kleinknecht, Hat die Philosophie eine praktische Relevanz?, in: *Reflexion und Wirklichkeit. Akten des Ersten Österreichischen Kongresses für Philosophie*, hrsg. v. R. Wohlgenannt und R. Dorn, Linz 1990, S. 108–118; S. 115.

108 Ebd.

ist – und zwar sträflich – naiv, der Normalität für selbstverständlich hält. Die Geschichte ist eher – und darin ist Hegel und Kierkegaard, Adorno und Heidegger zuzustimmen – eine Schlachtbank. Daß ‚wir' dennoch *Mut* fassen, ihr im gestaltenden Eingriff Form zu geben, liegt an den punktuellen Erfahrungen der Verdichtung von Sinn und Freiheit, die das Zutrauen zur Sinn-Kontinuität *in* der Diskontinuität der Geschichte befördern. Jeder Durchbruch dieser Art kann freilich wieder zerredet werden im Geschwätz des Alltagsbetriebs der ‚öffentlichen Meinung'.

48.

„Verzeihung" ist der unverfügbare Gegen-Halt, auf den wir existentiell und intellektuell angewiesen sind, sofern wir unsere *Identität* historisch-kulturell und politisch behaupten. Man könnte von einer *fatalen* Dialektik sprechen: Das *Denkprinzip der Identität* funktioniert ja stets auch als *Ausgrenzungsmechanismus*; was ich mir im Kontext meines Verstehenshorizontes *anzueignen* vermag, ist mir auch *vertraut*. Was sich sperrig widersetzt, irritiert, verunsichert, wird als bedrohlich empfunden. Womöglich reicht Toleranz gegenüber dem Fremden / der Fremdheit nur so weit, wie sie als *Randphänomen* auftaucht, unseren Verstehenshorizont insgesamt aber kaum tangiert. Gefährlicher wird die Situation, wenn es zu *wahrhaften Konfrontationen* kommt und die (Selbst-)Sicherheit eines (unterstellt:) in sich stimmigen Welt-Verstehenshorizontes an der Ganz-Andersheit des anderen zu zerbrechen droht. Wenn die Vereinnahmungsbemühungen scheitern und ein Gefühl der Ohnmacht wächst, kann das auch zum Umschlag in Wut und Haß führen.

Wir *reden* zwar (auch in der Philosophie und den Kulturwissenschaften) viel von Andersheit/Alterität, doch den *Sinn* dieser Andersheit und den Grad ihrer Akzeptabilität, den möchten *wir* in eigener Vollmacht definieren. Zugleich aber beschleicht uns ein Unbehagen. *Diese* Art der Toleranz, so ahnen wir, ist womöglich nur oberflächlich, denn die Bereitschaft, den eigenen Bemächtigungswillen in Frage zu stellen, ist ja noch nicht erprobt. Dort, wo der (oder das) Fremde belästigend und ärgerlich als das *Abstoßende* erscheint, schlägt Langmut leicht um in Aggression. Angesichts dessen wiederum meldet sich der Zweifel: Womöglich sind wir zivilisierter als xenophobische Horden, nicht aber wirklich überlegen-souverän ... Es ist fraglich, ob humanistische Appelle gegen diese innere Struktur des an der eigenen individuellen und kollektiven *Identität* ausgerichteten Denkens und Fühlens aufkommen.[109]

Wenn wir nicht resignieren angesichts dieses Befundes, wenn wir, anders gesagt, uns auch vermittels der Kritik des radikal fremden Anderen wahrhaftig selbstkritisch so sehen wie wir wirklich sind und uns als diese Endlich-Fehlbaren annehmen, so könnte das an jener ‚geheimen' Geistesgegenwart liegen, die das Dasein *trägt* (Hegel redete gar von *verklärt*). Gerade jene Menschen, die sich angesichts der beschriebenen *fatalen Dialektik von Identität und Ausgrenzung* auf die *riskante* Fremdheit des Anderen einlassen, bezeugen in ihrer Souveränität einen Geist, der eine *abenteuerliche* Freiheit, nämlich eine sorglose, initiiert, die nur vorstellbar ist, wenn das Ich sich in diesem Geist aufgehoben ‚wissen' darf: So wird verständlich, wie Menschen auch unter widrigsten Umständen die Fähigkeit zur *Nachsicht* aufzubringen vermögen.

In Konsequenz dieser Überlegungen dürfte es offensichtlich sein, daß der *Parteigänger*, überzeugt von *der* guten Sache, der er anhängt, eine anachronistische Erscheinung ist, weil es unter Endlichen *die* gute Sache gar nicht gibt! Wir handeln zwar „nach bestem Wissen und Gewissen", aber das *beste* Wissen ist und bleibt allemal nur *unser* endliches irrtumsanfälliges Wissen. Im Eingeständnis dieser Relativität der eigenen – unvermeidlichen! – Verabsolutierungen geht der Geist der Verzeihung gleichsam in unsere Ansprüche ein und nur deshalb halten wir es ohne Wut und/oder Resignation aus, wenn die angesprochenen ‚Anderen' sich auf *ihren* Standpunkt versteifen.

---

109 Adorno hatte seinerzeit zugespitzt, der Herrschaftsgestus sei tief implantiert in unser rationales Denken. Bereits dadurch, daß wir *begrifflich* operieren, schalten wir Adorno zufolge an sich Ungleiches immer schon gleich. Insofern sind wir, dieser Philosophie zufolge, eigentlich außerstande, den unverwechselbar *einmaligen* Phänomenen und dem provozierend-fremden *individuellen* Du wirklich gerecht zu werden. Im Banne des Identitätsprinzips befangen, verletzen wir fast zwangsläufig die Integrität des Begegnenden zugunsten unserer sicherheitsorientierten, angst-abwehrenden, Konformität erzwingenden Wirklichkeits*konstruktionen*. Daß wir um diese fatale Dialektik *wissen*, bedeutet, wie der Philosoph einschärfte, keineswegs, daß wir lebenspraktisch über sie hinaus sind. Keine Frage: eine solche Sicht *kann*, wenn sie existentiell angeeignet wird und sich ihr keine starke Inspiration der Nachsichtigkeit erschlossen hat, zur Resignation verführen – oder aber zu einem blinden Losschlagen, um den status quo aufzusprengen.

49.

An die Stelle einer starken Theorie der Vernunfteinheit sind mehr und mehr philosophische Versuche getreten, in Diskursen nur noch um die *Anerkennung einer Vielheit von letzten Gründen* zu ringen, und zwar in der philosophisch abgeklärten Auffassung, daß die Spannung zwischen den letzten Gründen von einzelnen, sozialen Gruppen und Institutionen in der Auseinandersetzung um mehrheitsfähige Handlungsperspektiven letztlich selbst *unaufhebbar* ist. Ein Schlüsselbegriff wie die „Würde des Menschen" erfährt beispielsweise in ausdifferenzierten Gesellschaften bei einzelnen und bei gesellschaftlichen Gruppen im Horizont ihrer jeweiligen letzten Orientierungsgründe ganz unterschiedliche Deutungen – mit erheblichen Folgen für gesellschaftliches, wirtschaftliches, staatliches Handeln.[110] (Ob dieser Befund aktuell durch gesellschaftlich-politische Bemühungen um die Dominanz einer „Leitkultur" irgendwie erfolgreich in Frage gestellt wird, scheint mir nach wie vor zweifelhaft.)

In einer Welt pluraler Letztbegründungen wird die emphatische Forderung nach *Toleranz* immer nachdrücklicher vorgebracht. Hatte man früher Toleranz eher als eine *beiläufige* Tugend eingeschätzt, so führen nunmehr die Turbulenzen und Antagonismen im post-ideologischen und post-utopischen, aber von neuen und alten Fundamentalismen geschüttelten Zeitalter dazu, Toleranz in den Mittelpunkt ethischer Aufmerksamkeit zu rücken. Gewiß läßt sich eine Unzahl von Aspekten des Toleranzgedankens ausfindig machen. Aber es leuchtet ein, in einer groben Unterscheidung zunächst einmal einen negativen und einen positiven Begriff der Toleranz einander gegenüberzustellen:[111] der negative bezeichnet ein Verhalten, das sich darin auszeichnet, die Andersheit des anderen *hinzunehmen*, zu *ertragen*, trotz (vielleicht) gewisser innerer Widerstände und Vorbehalte; der *positive* Toleranzbegriff kennzeichnet eine Einstellung, die die fremde Andersheit will, fördert, unterstützt und sich in ein positives Verhältnis zu ihr zu setzen bemüht. Führt man diese *kategoriale* Unterscheidung auf das

110 Vgl. Willi Oelmüller, Zugänge zu einem philosophischen Diskurs: Mensch in den Erfahrungshorizonten Gott, Natur, Kultur, in: ders./Ruth Dölle-Oelmüller/Carl-Friedrich Geyer, *Diskurs: Mensch* (= Philosophische Arbeitsbücher, Bd. 7), Paderborn u.a. 3. Aufl. 1993, S. 9–45. Vgl. auch N. Knoepffler, *Menschenwürde in der Bioethik*, Berlin u.a. 2004.

111 Vgl. Ilja Lazari-Pawlowska, Zum Problem der Toleranz, in: *Neue Realitäten. Herausforderung der Philosophie. XVI. Deutscher Kongreß für Philosophie*, Berlin 1993, S. 976ff.

dynamische Selbstverhältnis und auf Prozesse der komplexen Selbstbildung zurück, läßt sich sofort erkennen, welche Rolle der Verzeihung in dieser Konfiguration der Spät- oder Postmoderne zukommt: Wir müssen ja (mit Hegel) vom *Kampf* um Anerkennung[112] ausgehen und von der Zuspitzung dieser Auseinandersetzung bis hin zur Gewalttätigkeit. Im individuellen Wahrheitsbewußtsein wurzelt jene schon beschriebene Dynamik der Verabsolutierung, die sich, im Extrem, als verbissene Rechthaberei äußert. Nur wenn wir einander diese *unvermeidliche* Überziehung unseres individuellen Kredits verzeihen, werden wir auch kommunikative Ressourcen entbinden, die die Andersheit nicht nur ‚tolerieren', sondern ihr für das eigene Dasein und im eigenen Dasein eine produktive daseins*erweiternde* Funktion zusprechen.

Philosophen wie Quine und Davidson haben vom unerläßlichen „Principle of Charity" gesprochen, und sie meinten damit jenes Wohlwollen, auf das wir als eine Art Grundvertrauen in jeder Kommunikation angewiesen sind, damit sie als ‚gelingend' gelten kann. Damit sollen natürlich Fehldeutungsmöglichkeiten des Diskurses ausgeschaltet werden. Doch ich gebe zu bedenken: Wir entdecken erst *im Laufe der Zeit* die *begrenzten* Übereinstimmungen in einem Verstehensprozeß, den wir für ‚gelungen' gehalten hatten! Die Übereinstimmung erweist sich *nachträglich* als höchst fragil, als begleitet von sehr unterschiedlichen Erwartungen, die im weiteren Gang der Dinge zu einer stärkeren Entfremdung führen können. Wenn man dann nicht resigniert, vor allem nicht: ‚böse Absichten' zu unterstellen geneigt ist, sondern die Kommunikation aufrechterhält und mit neuen Verstehensbemühungen abfängt, so ist hier eine Einstellung ‚am Werke', die auf die wachsende Erkenntnis der unaufhebbaren Nichtidentität nicht mit ‚Abbruch' reagiert, sondern mit erneuerter Zuwendung. Es fragt sich demnach, ob eine gelingende Kommunikation nicht an *zwei* Prinzipien (die man natürlich auch als *Facetten* eines und desselben Prinzips entfalten könnte) Halt finden muß: einem *Principle of Charity* und einem *Principle of Forgiveness / l'esprit de pardon*. Nur so würde man dem *empirischen* Befund gerecht werden können, daß wir zwar die Rationalität des/der anderen *unterstellen* müssen, aber doch zugleich tagtäglich damit zu kämpfen haben, daß wir entdecken müssen, wie ‚irrational' eingetrübt sie uns im anderen

112 Vgl. Axel Honneth, *Kampf um Anerkennung. Zur moralischen Grammatik sozialer Konflikte*, Frankfurt 1992.

begegnet. Und wie sollte man sich nicht lächerlich vorkommen, wollte man unterstellen, man selbst sei von solcher Trübung ausgenommen!

50.

Die Vermutung hat starke Gründe für sich, daß der „Kritische Rationalismus" eine Theorie des rationalen Umgangs mit der Wirklichkeit ist, die einer philosophischen Erörterung des Verzeihungsbegriffs förderlich ist. Der Kritische Rationalismus verzichtet bekanntlich programmatisch darauf, der Vernunft einen direkten Zugang zu *der* Wahrheit zuzusprechen. Vielmehr betont er die Unvermeidbarkeit des Irrtums und empfiehlt deshalb Strategien der kleinen Schritte, damit aus Fehlern gelernt werden kann. – Die Frage könnte man freilich stellen, ob nicht bereits eine Konzeption wie diejenige Hegels, gegen die Popper so entschieden angekämpft hat, den Nachweis enthält, daß man zur Wahrheit nur gelangt *im unvermeidlichen Durchgang durch den Irrtum*. Auf jeden Fall konvergieren die beiden verfeindeten Theorien in der Auffassung, daß jede Überzeugung, eine bestimmte Position repräsentiere *die* Wahrheit des Ganzen, unglaubwürdig ist. Nun führt aber kein Weg daran vorbei, daß wir selbst dann, wenn wir *Gewißheit* für unsere Sicht gar nicht beanspruchen, uns doch *leidenschaftlich* auf einen Standpunkt stellen, der die Wahrheit in Anspruch nimmt, weil sie über die Grenzen des rational Vergewisserbaren hinaus unsere *ganze* Person, als Wahrheitsbezug, durchdringt![113] Wir räumen die Vor-läufigkeit im ruhigen Gespräch gern ein; in der konkreten Auseinandersetzung um die ‚richtige' Entscheidung indessen exponieren wir uns, indem wir die in alle Optionen eingewobene Ungewißheit im leidenschaftlichen Engagement überbrücken. In diesem *Sprung* setzen wir uns ab von der Verspießerung der ‚Idioten', die sich um nichts anderes kümmern als um ihre kleine private Welt, und entwerfen unser Dasein in einer *Perspektive der Unendlichkeit*. So unverzichtbar dieser Sprung ist für ein menschenwürdiges Dasein, so sehr ist er angewiesen und verwiesen auf eine aller Kommunikation zugrundeliegende Dimension, die ich den lebendigen ‚Geist der Verzeihung' nenne, welcher selbst innerhalb unserer westlich-

113 Vgl. Bernard Williams, *Ethik und die Grenzen der Philosophie*, hrsg. von Otto Kallscheuer. Aus dem Engl. von Michael Haupt, Hamburg 1999 (*Ethics and the Limits of Philosophy*, 1985, 3. überarb. Aufl. 1993), 9. Kapitel.

okzidentalen Kultur natürlich zeitgeist-abhängig sich in ganz unterschiedlichen Ausprägungen manifestiert. In ihm aufgehoben, nehmen wir jene leidenschaftlichen Expositionen zwar ernst – aber doch nicht bitterernst: Ohne in Resignation, Verbitterung oder Zynismus zu verfallen, heben wir, als Wahrnehmende und als Teilnehmer des Diskurses, diese Mitteilungen in Nachsicht auf und geben ihnen darin *unser* Realitätsgewicht, ohne den anderen eigens darüber zu belehren.

Ob ein anderer für seine Handlungen und die Verfassung seiner Person, die sich in diesen Handlungen mitteilt, tatsächlich voll verantwortlich ist, kann niemand mit letzter Sicherheit sagen. Nach Spaemann ist es erst der Akt der Verzeihung, in dem sich das Wissen um die eigene Endlichkeit und Perspektivität bekundet; erst dieser Akt der Verzeihung überführt die zweideutige Situation in sittliche Eindeutigkeit, insofern er „die Einheit von Zurechnung und Nichtzurechnung vollzieht".[114]

Diese Beobachtung läßt sich noch weiter herabstufen und auf jene Borniertheiten beziehen, die bei einem jeden zur Zweiten Natur geworden sind und die gerade von den Nahestehenden nur im Geist der Verzeihung zu ertragen sind. Dazu findet sich bei H. Plessner die treffliche Pointierung: „An irgendeinem Punkt ist jeder die Karikatur seiner selbst, sei es in Unbeholfenheit oder irgendwelchen Automatismen, die er nicht mehr in der Gewalt hat [...]".[115]

Theodor W. Adorno hat das nicht anders gesehen, wenn er das Rechtbehaltenwollen als „Ausdruck jenes Geistes von Selbsterhaltung" kennzeichnet, „den aufzulösen das Anliegen von Philosophie gerade ausmacht".[116] Selbsterkenntnis fällt womöglich so immens schwer, weil sie in einem ‚Raum' der Rechthaberei sich vollziehen muß. Das Aufbrechen jener Vertuschungen und Verkrampfungen, mit denen Menschen so häufig sich immer weiter in ein Lügengewebe verstricken, wäre wohl nur möglich, wenn begriffen, geglaubt, erfahren wäre, daß es Verzeihung wirklich gibt und daß Menschen sogar bereit sind, als Betroffene doch nicht auf ihrem Recht zu bestehen. Die Arbeit an der eigenen Unwahrhaftigkeit kann nur stattfinden, wo Verzeihung kein bloßes Postulat ist, sondern – ein Wider-

114 Robert Spaemann, *Glück und Wohlwollen. Versuch über Ethik*, 2. Aufl. Stuttgart 1990, S. 239–254; hier: S. 245.

115 Helmut Plessner, *Grenzen der Gemeinschaft. Eine Kritik des sozialen Radikalismus* (1924), Frankfurt/M. 2002, S. 75.

116 Theodor W. Adorno, *Minima Moralia. Reflexionen aus dem beschädigten Leben*, Frankfurt/M. 1964, S. 85.

fahrnis. Adorno: „Einzig der Anspruch des Unbedingten, der Sprung über den Schatten, läßt dem Relativen Gerechtigkeit widerfahren. Indem er Unwahrheit auf sich nimmt, führt er an die Schwelle von Wahrheit im konkreten Bewußtsein der Bedingtheit menschlicher Erkenntnis“.[117] Adorno sah Philosophie gerechtfertigt als „Versuch, alle Dinge so zu betrachten, wie sie vom Standpunkt der Erlösung aus sich darstellten.“[118] Diese Betrachtung hätte sich m. E. zu konkretisieren in einer Einstellung zur koexistierenden Mit- und Umwelt, die mit dem übereinkommt, was ich den ‚Geist der Verzeihung‘ nenne.[119] Von einer *solchen* Welteinstellung der Erkenntnis darf man dann sagen, sie habe „kein Licht, als das von der Erlösung her auf die Welt scheint: alles andere erschöpft sich in der Nachkonstruktion und bleibt ein Stück Technik. Perspektiven müßten hergestellt werden, in denen die Welt ähnlich sich versetzt, verfremdet, ihre Risse und Schründe offenbart, wie sie einmal als bedürftig und entstellt im messianischen Licht daliegen wird.“[120]

So weit die Denkwelten Adornos und Gadamers auch auseinander liegen mögen – in diesem Punkt stelle ich zwischen den so unterschiedlichen Männern Übereinstimmung fest, weil eben die Einsicht in die Unerläßlichkeit eines Geistes der Verzeihung tiefere Strukturen des Daseins berührt, als in den profilierten Eigenständigkeiten der jeweiligen Philosophie-Formierungen zum Ausdruck kommt. In einem Gespräch hat Hans-Georg Gadamer angemerkt, er habe sich immer gerne auf Kierkegaards Bemerkung über das Tröstliche in dem Gedanken, gegen Gott allezeit unrecht zu haben, eingelassen. Analog habe es mit der Hermeneutik die Bewandtnis, daß man sie auch als die Kunst begreifen könne, unrecht haben zu können. Hermeneutik, so verstanden, habe doch zweifelsfrei auch etwas Tröst-

117 Ebd., S. 167.

118 Ebd., S. 333.

119 Keine Frage: Adorno setzte den Akzent, auf dem Boden seines philosophischen Negativismus, mit der Hervorhebung des Begriffs „Verzweiflung“ durchaus anders, als ich es hier zugespitzt habe. Das einschlägige Zitat lautet: „Philosophie, wie sie im Angesicht der Verzweiflung einzig noch zu verantworten ist, wäre der Versuch, alle Dinge so zu betrachten, wie sie vom Standpunkt der Erlösung aus sich darstellten.“ (Ebd., S. 333)

120 Ebd., S. 333f. – Zwischen Verzeihung, als etwas höchst Un-Natürlichem, und den emotionalen Kräfteverhältnissen im Gebiet der Wahrung oder ‚Herstellung‘ von Gerechtigkeit bestehen, wie sich immer wieder zeigt, gravierende Spannungen.

liches.[121] – Der späte Gadamer hat sich gehütet, noch vom „Absoluten" zu reden. Aber man mag sich angesichts solcher Bemerkungen doch fragen, ob dieser große alte Mann der Philosophie die Gegenwart des Absoluten als *Geist der Verzeihung* und damit als Ermöglichung und Stabilisierung einer *Selbstrelativierung ohne Selbstverlust* nicht doch bereitwillig mitbedacht hätte.

Einzeluntersuchungen von Klaus-M. Kodalle zu

Verzeihung als Grundbegriff philosophischer Ethik[122]

- Verzeihung nach Wendezeiten? Über Unnachsichtigkeit und mißlingende Selbst-Entschuldung (Jenaer philosophische Vorträge und Studien, Bd. 12), Erlangen/Jena 1994.

- Diesseits der Logik des Moralismus: Vom ‚Geist' der Verzeihung bei Kierkegaard, Nietzsche-Scheler, Dostojewski und Camus, in: Kierkegaard Revisited (Kierkegaard Studies – Monograph Series 1), Berlin/New York 1997, S. 387–409. (Ebenfalls abgedruckt in: MUT. Forum für Kultur, Politik und Geschichte, Nr. 306 (Febr. 1998), S. 76–95.)

- Die Dimension des Unermeßlichen. Aufhebung der vermessenen Moralität, in: Ch. Hubig (Hrsg.), Cognitio humana – Dynamik des Wissens und der Werte (XVII. Deutscher Kongreß für Philosophie Leipzig, 23.–27. Sept. 1996), Berlin 1997, S. 106–130. (= vor allem zu Kant)

- Der ‚Geist der Verzeihung' [*bei Hegel*]. Zu den Voraussetzungen von Moralität und Recht, in: Recht – Macht – Gerechtigkeit (VWGTh, Bd. 14), hrsg. v. J. Mehlhausen, Gütersloh 1998, S. 606–624.

---

121 „Die Kunst, unrecht haben zu können. Ein Gespräch mit Hans-Georg Gadamer", zuerst publiziert in der *Süddeutschen Zeitung*, hier zitiert nach *Information Philosophie* 2/1991, S. 21–28; hier: S. 27.

122 In einigen Fällen sind thematische Überschneidungen zu registrieren.

– Vom ‚Geist' der Verzeihung. Systematische Überlegungen zum metaphysischen ‚Hintergrund' der Moralität, in: Vom Zentrum des Glaubens. FS Dietrich Braun, Rheinfelden 1998, S. 289–296.

– Überforderung? Zum Schuldverständnis bei Jaspers und Schweitzer, in: Mythos und Glaube. FS für Giorgio Penzo, hrsg. v. H. M. Baumgartner, F. Ferrarotti, C. Scilironi, Brescia 1998, S. 83–101.

– Die *Unnachsichtigkeit* des moralischen Blicks. Habermas' Diskursethik und die ‚Impulse' der Religion, in: Religion-Metaphysik(kritik)-Theologie im Kontext der Moderne/Postmoderne, hrsg. v. M. Knapp u. Th. Kobusch, Berlin/New York 2001, S. 253–277.

– Gabe und Vergebung. Kierkegaards Theorie des verzeihenden Blicks, in: Subjektiver Geist. Reflexion und Erfahrung im Glauben (FS Traugott Koch), hrsg. v. Klaus-M. Kodalle u. Anne Steinmeier, Würzburg 2002, S. 71–86.

– Verzeihung des Unverzeihlichen. Mut zur Paradoxie bei Ricoeur, Derrida und Lögstrup, in: Die Normativität des Wirklichen. FS für Robert Spaemann, hrsg. v. Th. Buchheim, R. Schönberger u. W. Schweidler, Stuttgart 2002, S. 414–438.

– Verzeihung. Hegels Denkanstoß. Wider die Verdrängung eines zentralen philosophischen Themas, in: Hegel-Jahrbuch 2002 „Phänomenologie des Geistes", 2. Teil, Berlin 2002, S. 88–99.

– Schuld in der Geschichte. Der Kampf gegen das Vergessen und die Grenzen des Erinnerns, in: Grenzen und Grenzüberschreitungen. XIX. Deutscher Kongress für Philosophie. Vorträge und Kolloquien, hrsg. von Wolfram Hogrebe in Verbindung mit Joachim Bromand, Berlin 2004, S. 619–641.

– Levinas' Beitrag zu einer philosophischen Theorie der Verzeihung, in: Gottesgabe. Vom Geben und Nehmen im Kontext gelebter Religion. FS zum 65. Geburtstag von Theodor Ahrens, hrsg. v. Amélé Adamavi-Aho Ekué und Michael Biehl, Frankfurt/M. 2005, S. 323–346.
Ebenfalls in: Pascal Delhom/Alfred Hirsch (Hrsg.), Im Angesicht der Anderen. Levinas' Philosophie des Politischen, Zürich/Berlin 2005, S. 191–211.

– Reinach/von Hildebrand/Plessner: Bausteine zu einer Philosophie der Verzeihung, in: Wege zur Politischen Philosophie. FS für Martin Sattler, hrsg. v. G. von Sievers u. U. Diehl, Würzburg 2005, S. 65–77.